中学校社会サポートBOOKS

単元を貫く学習課題でつくる！

中学校 歴史の 授業展開 & ワークシート

川端裕介 著

明治図書

まえがき

　新学習指導要領の実施に伴い，社会科の授業はどのように変化するのでしょうか。「主体的・対話的で深い学び」「見方・考え方」「カリキュラム・マネジメント」などの新しい概念についての理解は広がっているように思います。

　しかし，教室で毎時間，生徒と向き合いながら授業を行う際に，それらの新しい概念をどのように生かせば良いのでしょうか。経験の少ない先生方や，多忙な中で教材研究の時間を確保できない先生方にとって，一から授業の形や内容を考えるのは現実的ではありません。

　また，「これまでと大きく変わるわけではない」と楽観視する意見もあります。特に，歴史的分野は地理的分野や公民的分野と比べると，学習指導要領が新しくなっても学習する内容があまり変化しないと思われやすい面があります。しかし，歴史的分野の学習内容が変わらないというのは誤った認識です。新学習指導要領においては，歴史を大観しながら大きな時代の流れと特色を理解することが，一層重視されているからです。

　さらに，学習する知識や技能に同じ部分があったとしても，学習方法や身に付けさせたい力は大きく変わります。新学習指導要領では，生徒が「見方・考え方」を働かせる機会を確保して「主体的・対話的で深い学び」を実現できるように，単元の計画や授業の展開を新たにデザインする必要があります。

　そこで，本書は新学習指導要領に沿って，歴史的分野におけるすべての単元を取り上げ，各単元の目標と各時間の目標と概要，主な授業の展開例とワークシートを掲載しています。授業展開例には，歴史的な「見方・考え方」を働かせるポイントを具体的に示しています。

　また，すべての単元において「単元を貫く学習課題」を設定しました。「主体的・対話的で深い学び」の内，特に「深い学び」を実現するためには，単元のまとまりの中で課題を追究していくことが大切です。そこで，新学習指導要領の内容に基づき，歴史的分野のすべての単元に関して，単元を貫く学習課題を設定しました。巻末には，その解答例を掲載しています。このように新学習指導要領に基づいて，網羅的に歴史的分野の学習指導について取り上げたのは，おそらく初めての試みかと思います。

　以上のように，マニュアル本やノウハウ本にならないようにしつつ，汎用性の高い内容になるように配慮しました。本書の実践例や単元計画には，新学習指導要領のねらいや内容を反映し，授業実践例や単元計画を通して，新学習指導要領の趣旨が理解できるようにしました。

　単元を貫く学習課題の有用性や，生徒が「見方・考え方」を授業の中で働かせるための方法については，一層精査する必要があると考えます。本書を足がかりにして，これからの社会科の授業の在り方について議論が深まり，実践が広がっていけば幸いです。

2019年1月

川端　裕介

本書の使い方

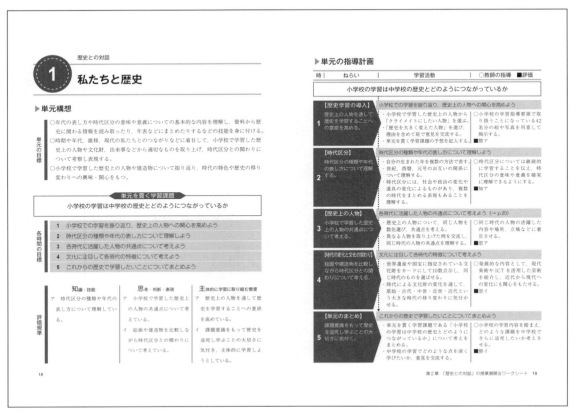

単元構想

平成29年告示の新学習指導要領に基づいて，歴史的分野の全単元の目標と評価規準を明記しました。評価規準についても，新学習指導要領に合わせて3観点にしました。指導案作成などの参考になると思います。

また，すべての単元について「単元を貫く学習課題」を立て，その課題の追究に必要な各時間の目標を紹介したのが，本書の大きな特徴です。

単元の指導計画

すべての単元の指導計画を紹介しています。新学習指導要領に準拠しながら，歴史的分野の全時間の学習展開を網羅しています。また，各時間については，ねらいと主な学習活動と教師の指導の要点を示しました。

生徒が歴史を大観して時代の特色を理解できるように，単元のまとまりや単元の構成を工夫することが重要です。1つの参考になればと思います。

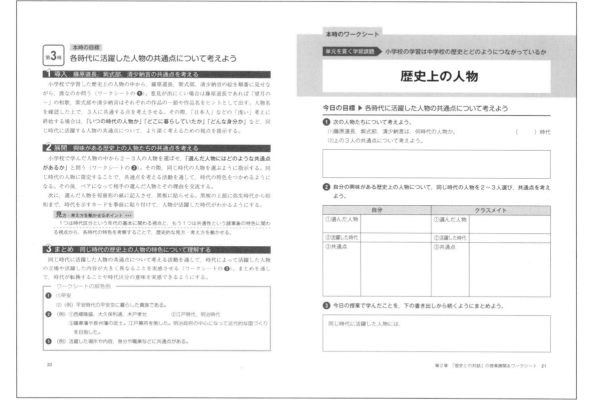

社会的な見方・考え方を働かせる授業展開

　歴史的な「見方・考え方」を働かせ，深い学びを実現するための授業展開例です。生徒に着目させる視点と考え方を具体的に紹介しています。

　また，導入・展開・まとめの1単位時間の流れと，それぞれの場面で主となる発問や活動，留意点を紹介しました。本書の内容に沿って進めると，授業が基本的には成り立つように構成しました。

本時のワークシート

　そのままコピーして使えるように，左の授業展開に沿った内容のワークシートを用意しました。もちろん，内容を参考にして別のワークシートを作成したり，追加や削除などの修正をしたりするなど，目的や先生方の授業のスタイルに応じて改変していただければと思います。なお，資料については教科書などに掲載されたものを基本として，収集や用意の負担がかかりにくいように配慮しました。

目次

まえがき 3

本書の使い方 4

第1章
単元を貫く学習課題でつくる歴史的分野の授業

1 単元を貫く学習課題の設定 ……………………………………………… 12

2 歴史的分野で働かせたい「社会的な見方・考え方」………………… 14

Column 1 》 歴史的分野におけるワークシート作成のポイント 16

第2章
「歴史との対話」の授業展開&ワークシート

1 私たちと歴史 …………………………………………………………… 18

　　各時代に活躍した人物の共通点について考えよう（3/5時間）20

2 身近な地域の歴史 ……………………………………………………… 22

　　今と昔の地図を比較しながら函館の歴史について調べよう（2/5時間）24

Column 2 》 「古代までの日本」におけるアクティブ・ラーニングのポイント 26

第3章
「古代までの日本」の授業展開&ワークシート

- **3　世界の古代文明や宗教のおこり** …………………………………………………… 28
  - 古代文明に共通することを考えよう（3/5時間）　30
- **4　日本列島における国家形成** ………………………………………………………… 32
  - なぜ大きな古墳をつくることができたのか考えよう（4/6時間）　34
  - タイムマシンでの旅行パンフレットを作ろう（6/6時間）　36
- **5　律令国家の形成と古代の文化** ……………………………………………………… 38
  - 律令国家の成立に最も影響した出来事について考えよう（3/8時間）　40
  - 藤原氏がどのように政治の実権を握ったか理解しよう（6/8時間）　42

Column 3 ≫　「中世の日本」におけるアクティブ・ラーニングのポイント　44

第4章
「中世の日本」の授業展開&ワークシート

- **6　武家政治の成立とユーラシアの交流** ……………………………………………… 46
  - 武士の立場の変化について，絵画資料から読み取ろう（2/7時間）　48

承久の乱を通して武士の支配はどのように変化したか考えよう（4/7時間）　50

7　武家政治の展開と東アジアの動き ……………………………………… 52
　　　武家と公家の関係の変化について考えよう（1/5時間）　54
　　　琉球王国とアイヌ民族が東アジアで果たした役割を理解しよう（4/5時間）　56

8　民衆の成長と新たな文化の形成 ………………………………………… 58
　　　戦国大名の特色について法から考えよう（3/5時間）　60
　　　「融合」をキーワードにして室町文化について理解しよう（4/5時間）　62

Column 4 ≫　「近世の日本」におけるアクティブ・ラーニングのポイント　64

第5章
「近世の日本」の授業展開＆ワークシート

9　世界の動きと統一事業 …………………………………………………… 66
　　　織田信長はどのような人物だったのか判断しよう（5/8時間）　68
　　　戦国時代の文化について4つの側面から理解しよう（7/8時間）　70

10　江戸幕府の成立と対外関係 ……………………………………………… 72
　　　大名に対してどのような政治をしたのか資料から読み取ろう（1/5時間）　74

11　産業の発達と町人文化 …………………………………………………… 76

　　　　江戸時代の文化や教育から現在につながる点について考えよう（3/5時間）　78

12　幕府の政治の展開 ……………………………………………………………………… 80

　　　　江戸幕府の政治改革を比べてランキングをつけよう（2/5時間）　82

Column 5 》「近代の日本と世界」におけるアクティブ・ラーニングのポイント　84

第6章
「近代の日本と世界」の授業展開＆ワークシート

13　欧米における近代社会の成立とアジア諸国の動き ……………………………… 86

　　　　市民革命の歴史的な価値を法から考えよう（2/6時間）　88

14　明治維新と近代国家の形成 ………………………………………………………… 90

　　　　江戸幕府が滅亡した理由について考えよう（3/9時間）　92

　　　　近代化の面から明治政府の政策を評価しよう（9/9時間）　94

15　議会政治の始まりと国際社会との関わり ………………………………………… 96

　　　　日清戦争の頃のアジアの情勢を風刺画から読み取ろう（4/8時間）　98

16　近代産業の発展と近代文化の形成 ………………………………………………… 100

　　　　工業化によって生じた問題の解決策について考えよう（2/5時間）　102

17　第一次世界大戦前後の国際情勢と大衆の出現 …………………………………………… 104

　　大戦後の世界における各国の状況を比べよう（4/8時間）　106

　　現在と比べながら大衆文化への関心を高めよう（7/8時間）　108

18　第二次世界大戦と人類への惨禍 ……………………………………………………………… 110

　　国民が戦争に協力する体制がどのようにできたのか説明しよう（4/9時間）　112

　　日本が開戦した理由を分析しよう（6/9時間）　114

Column 6 》「現代の日本と世界」におけるアクティブ・ラーニングのポイント　116

第7章　「現代の日本と世界」の授業展開＆ワークシート

19　日本の民主化と冷戦下の国際社会 …………………………………………………………… 118

　　日本国憲法の価値について考えよう（2/6時間）　120

20　日本の経済の発展とグローバル化する世界 ………………………………………………… 122

　　高度経済成長による課題を解決する方法について考えよう（4/6時間）　124

付録　「単元を貫く学習課題」に対するまとめの例　126

あとがき　135

第 **1** 章

単元を貫く学習課題でつくる歴史的分野の授業

単元を貫く学習課題の設定　12

歴史的分野で働かせたい
「社会的な見方・考え方」　14

単元を貫く学習課題でつくる歴史的分野の授業

単元を貫く学習課題の設定

▶単元のまとまりを見通す指導の重要性

　単元を貫く学習課題とは，1つの単元の学習の中で継続して生徒が追究する課題を指します。学習指導要領で言えば内容の(1)や(ア)などのまとまりであり，教科書では数単位時間ごとの内容のまとまり（いわゆる小単元）に該当します。

　社会科のこれまでの授業では，1時間の授業が重視されてきた傾向があります。「学習課題が大事」と言われる場合，それは1時間の授業の課題を指し，黒板に掲示するのも本時の学習課題や目標ばかりでした。単元の目標については，年間指導計画や学習指導案に記載はあっても，生徒は把握していなかったり，教師も意識していなかったりすることが多かったと思います。

　しかし，新学習指導要領の実施に伴って，単元全体を見通した指導が重視されるようになります。例えば「単元など内容や時間のまとまりを見通して，その中で育む資質・能力の育成に向けて，生徒の主体的・対話的で深い学びの実現を図るようにすること」（『中学校学習指導要領（平成29年告示）』の社会科「第3　指導計画の作成と内容の取扱い」の1(1)より引用）とあるように，1時間の授業だけではなく，1つの単元のまとまりを重視することが求められています。単元のまとまりを見通した指導を行うためには，各時間の主発問よりも高次の問いが必要です。

　とくに，歴史的分野では細かな語句の意味に終始せず，時代の特色を踏まえながら歴史の大きな流れを理解することが目標です。そのためには，単元を貫く学習課題を立て，その課題に沿って各時間のねらいを明確にし，単元全体を構造化することが有効です。

▶授業改善の効果

　単元を貫く学習課題を設定することは，次の4点で授業改善を図る効果があります。1点目に，教師にとっては一貫性のある指導が可能となります。単元の目標が形式的なものではなく，授業の柱として機能するため，各時間の授業の内容を関連付けた計画的な指導ができます。

　2点目に，評価に活用できます。単元を貫く学習課題に対する生徒の考えは，学習を進めるごとに次第に変容し，概念的な知識の獲得へ向かいます。単元を貫く学習課題を設定することで，生徒を励ましながら変容の姿を評価することができます。例えば「関心・意欲・態度」を評価する場合，生徒の挙手の回数など表面的な行動ではなく，単元を貫く学習課題を追究する姿勢や，学習の中で関連する新たな課題を見いだした事実などから評価できるようになります。

3点目に，生徒は現在どのような学習を行っているのかということと，単元の学習を通して何ができるようになれば良いのかを実感できます。学習の方向性が明確になると学習意欲が高まり，生徒は自分なりの課題をもって主体的に各時間の学習に臨むことができます。

　4点目に，生徒は歴史的事象の特色を的確に理解することができます。各単元は，各時代を大観しながら歴史の大きな流れを理解するために，的確に構成されています。したがって，単元全体に関する問いを追究することで，時代の特色を理解できるようになります。

　以上の4点は，主体的・対話的で深い学びを支えるものです。とくに，「主体的」で「深い学び」は，1時間の授業だけでは実現が難しく，単元を貫く学習課題を立てることが有効です。

▶単元を貫く学習課題の設定の仕方

　1つの単元の学習は，短くて4時間ほど，長い単元であれば10時間ほどになる場合もあります。実際の授業では，数週間にわたって生徒が意識できるような課題の設定が求められます。

　本書では，単元を貫く学習課題を問いの形で設定しました。その問いの質が重要です。問いが抽象的だと，生徒の頭に入らないため，設定した意味がなくなります。しかし，逆に特定の歴史的事象に焦点を当てすぎると，学習指導要領が定める内容や単元の全体の目標と一致しなかったり，単元の目標と各時間の目標が一致しなかったりするおそれもあります。

　そこで，黒板やワークシートに1行で収まる程度で，かつ生徒の関心を高め，単元の目標と内容に合致するという条件を設定して，それに基づいて単元を貫く学習課題を考えました。生徒の実態や指導のスタイルに応じて，修正や変更を加えながら活用していただければ幸いです。

▶単元構想の工夫

　単元を貫く学習課題は，原則としては単元の最初の学習で提示し，課題に対する最初の考えを記入させます。予想の形になることが多いでしょう。そして，単元の学習の最後に，学習した内容をふまえて，再び単元を貫く学習課題に対する考えをまとめます。

　あくまで基本形なので，単元によっては，毎時間のまとめの場面で単元を貫く学習課題への答えを記入させる方法も良いでしょう。毎時間記入させた方が，考えの変容を生徒は自覚し，教師も把握できるため，効果があります。しかし，現実的には時間の確保が難しいため，単元の最初と最後に，単元を貫く学習課題に対する考えを表現することを基本形としました。

　逆に，予測が立てにくい課題の場合は，単元全体の最後の時間にのみ考えるという方法が良いでしょう。大切なのは，すべての単元で，単元を貫く学習課題を示すことです。また，毎時間の授業で，単元を貫く学習課題に関連する問いを発することや，本時の課題と合わせて単元を貫く学習課題も黒板に提示（またはワークシートに記載）することも重要です。単元を貫く学習課題を中心に，単元全体の学習をデザインすることを意識しましょう。それがカリキュラム・マネジメントにつながります。

単元を貫く学習課題でつくる歴史的分野の授業

歴史的分野で働かせたい「社会的な見方・考え方」

▶「見方・考え方」は学びを照らす明かり

　そもそも「見方・考え方」とは何なのでしょうか。新学習指導要領によると，「見方・考え方」とは「各教科等の特質に応じた物事を捉える視点や考え方」であると定義付けられ，「新しい知識及び技能を既にもっている知識及び技能と結び付けながら社会の中で生きて働くものとして習得したり，思考力，判断力，表現力等を豊かなものとしたり，社会や世界にどのように関わるかの視座を形成したりするために重要なものであり，習得・活用・探究という学びの過程の中で働かせることを通じて，より質の高い深い学びにつなげることが重要である」(『中学校学習指導要領（平成29年告示）解説総則編』) と説明がされています。

　つまり，生きて働く知識・技能の習得，思考力・判断力・表現力の育成，学びに向かう力・人間性の涵養といった資質・能力の育成の鍵になる視点や方法が，「見方・考え方」を働かせた「深い学び」です。イメージとしては，生徒が目標に到達するための道筋は，次第に深く，難解になります。その道を照らす明かりや指針となるような，考察や構想の視点や方法が「見方・考え方」と言えます。「見方・考え方」が明確であれば，どのような知識・技能を活用しながら，どのような視点や方法で思考・判断・表現すれば良いのか，生徒は明確にイメージすることができます。その結果，各単元や各時間の目標からそれてしまうような考察や，論拠に欠けるような考察を防ぎ，歴史的な「見方・考え方」に基づく「深い学び」が実現できます。

▶社会科の歴史的な「見方・考え方」

　各教科の「見方・考え方」には，それぞれの教科の特質が反映されます。社会科の場合，地理的分野が空間という「横」の視点ならば，歴史的分野は時間という「縦」の視点に着目して時代の大きな流れを理解することが大切です。また，諸事象の歴史的な意義について考えるために，歴史的事象の背景や結果，事象同士の因果関係などに着目することが大切です。新学習指導要領では「時期，年代など時系列に関わる視点，展開，変化，継続など諸事象の推移に関わる視点，類似，差異，特色など諸事象の比較に関わる視点，背景，原因，結果，影響など事象相互のつながりに関わる視点などに着目して捉え，比較したり，関連させたりして社会的事象を捉えたりすること」(『中学校学習指導要領（平成29年告示）解説社会編』の「第2章　第2節　2　歴史的分野の目標，内容及び内容の取扱い(1)」より引用) と説明があります。

　なお，「見方・考え方」は明確には分類されていないものの，社会科においては上記の視点

の部分を「見方」，比較・関連などの考察する方法を「考え方」と捉えて良いでしょう。これらの「見方・考え方」を生徒が働かせるように工夫することで「深い学び」が実現できます。

▶単元の中での「見方・考え方」の働かせ方

新学習指導要領における「深い学び」は，1時間の授業ではなく，単元や題材などの一連の学習の中で実現を目指すものです。それは，ある時間では「深い学び」を行わず，別の時間では徹底的に「深い学び」をするという意味ではありません。単元のまとまりの中で，少しずつ学びを深めていくようなイメージです。深める方向やペースは授業によって差があっても，単元全体で「深い学び」を行えるように工夫することが大切です。

同様に，「深い学び」の鍵となる「見方・考え方」についても，単元全体の中で生徒の「見方・考え方」を鍛えるように単元構想をすることが重要です。働かせたい視点や考え方を明確にし，単元の計画に位置付けるようにしましょう。

▶授業の中での「見方・考え方」の働かせ方

授業の中で「見方・考え方」を働かせるためには，考えたり構想したりする視点を明確にしながら発問を行うことがポイントです。歴史的分野において「見方・考え方」を働かせる発問として，例えば，次のようなパターンが考えられます。

①時系列に関する発問の例
　「源頼朝はいつの時点で政権を握ったと言えるか」
　「日清戦争はいつ起きたか。そして，どこで起きたか」
②諸事象の推移や変化に関する発問の例
　「元寇によって鎌倉幕府や御家人の状況はどのように変化したのか」
　「高度経済成長の前後で国民の生活はどのように変化したのか」
③諸事象の比較に関する発問の例
　「古代文明に共通する特色は何か」
　「戦国大名は，守護大名とどのような点で異なるのか」
④事象相互のつながりに関する発問の例
　「勘合貿易は東アジアの国々にどのような影響を与えたか」
　「江戸幕府はなぜ開国の判断をしたのか」
　「対立していた薩摩藩と長州藩はなぜ倒幕のために同盟を結ぶことができたのか」

以上の例のように，歴史的な視点や考察の方法を明示した形で発問することで，生徒が目標とずれることなく思考し，表現することができます。一見すると，普通の発問のように感じるかもしれません。しかし，教師がどのような視点や考え方に関わる発問なのかを意識しながら授業を展開することで，生徒は「見方・考え方」を働かせながら学習できるようになります。

Column 1　歴史的分野におけるワークシート作成のポイント

❶ 授業のスタイルに応じてワークシートを活用

　先生方には，それぞれ授業の基本形があることと思います。ノートのみ，ノートとワークシートの併用，ワークシートのみ，プレゼンテーションソフトの活用など，授業の形は千差万別です。ノートとワークシートを併用する場合も，ワークシートを別途ファイリングするか，ノートに貼るかなど，教師の数だけノートやワークシートの形があると言っても良いでしょう。

　いずれにせよ，歴史的分野では，語句や流れを書きすぎてしまうと知識伝達型の授業になり，生徒の頭と心はアクティブになりません。そこで，説明は最小限にして，生徒が考えながら知識を習得し，その知識を活用しながら語句を頭の中に定着できるようにしましょう。

　私の場合は左下のように，見開きを１単位時間の学習として，左をワークシート，右をノートにしています。ワークシートには単元を貫く学習課題を明記しています。ノートには本時の目標や板書の補足事項の他，生徒が自分で調べたり考えたりした内容を記入するようにしています。ただし，本書ではワークシートを使いながら１単位時間の指導ができるように，ワークシートを修正しました。先生方の望むスタイルに合わせて，柔軟にご活用ください。

❷ 単元の大きな流れを可視化するワークシートの工夫

　私の場合は，単元の導入で右下のようなワークシートを別途配付します。上から，単元を貫く学習課題とその予想，各時間の目標，単元のまとめという構成です。Ａ５サイズで記入の時間は数分で済み，生徒の負担も大きくありませんが，単元全体を見通した学習ができます。

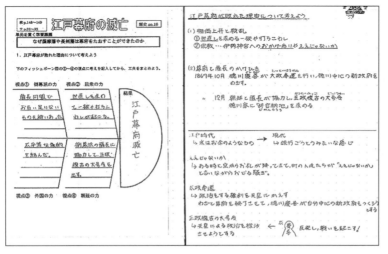
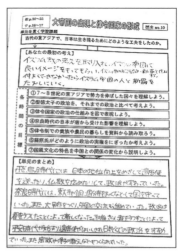

第 **2** 章

「歴史との対話」の授業展開&ワークシート

私たちと歴史　18

身近な地域の歴史　22

歴史との対話

1 私たちと歴史

▶単元構想

単元の目標
○年代の表し方や時代区分の意味や意義についての基本的な内容を理解し，資料から歴史に関わる情報を読み取ったり，年表などにまとめたりするなどの技能を身に付ける。
○時期や年代，推移，現代の私たちとのつながりなどに着目して，小学校で学習した歴史上の人物や文化財，出来事などから適切なものを取り上げ，時代区分との関わりについて考察し表現する。
○小学校で学習した歴史上の人物や建造物について振り返り，時代の特色や歴史の移り変わりへの興味・関心をもつ。

単元を貫く学習課題
小学校の学習は中学校の歴史とどのようにつながっているか

各時間の目標
1	小学校での学習を振り返り，歴史上の人物への関心を高めよう
2	時代区分の種類や年代の表し方について理解しよう
3	各時代に活躍した人物の共通点について考えよう
4	文化に注目して各時代の特徴について考えよう
5	これからの歴史で学習したいことについてまとめよう

評価規準

知識・技能
ア　時代区分の種類や年代の表し方について理解している。

思考・判断・表現
ア　小学校で学習した歴史上の人物の共通点について考えている。
イ　絵画や建造物を比較しながら時代区分との関わりについて考えている。

主体的に学習に取り組む態度
ア　歴史上の人物を通して歴史を学習することへの意欲を高めている。
イ　課題意識をもって歴史を追究し学ぶことの大切さに気付き，主体的に学習しようとしている。

▶単元の指導計画

時	ねらい	学習活動	○教師の指導　■評価
		小学校の学習は中学校の歴史とどのようにつながっているか	
1	【歴史学習の導入】歴史上の人物を通して歴史を学習することへの意欲を高める。	小学校での学習を振り返り，歴史上の人物への関心を高めよう ・小学校で学習した歴史上の人物から「クライメイトにしたい人物」を選ぶ。 ・「歴史を大きく変えた人物」を選び，理由を含めて班で意見を交流する。 ・単元を貫く学習課題の予想を記入する。	○小学校の学習指導要領で取り扱うことになっている42名分の絵や写真を用意して掲示する。 ■態ア
2	【時代区分】時代区分の種類や年代の表し方について理解する。	時代区分の種類や年代の表し方について理解しよう ・自分の生まれた年を複数の方法で表す。 ・世紀，西暦，元号のお互いの関係について理解する。 ・時代区分には，社会や政治の変化や道具の変化によるものがあり，複数の時代をまとめる表現もあることを理解する。	○時代区分については継続的に学習することを伝え，時代区分の意味や意義を確実に理解できるようにする。 ■知ア
3	【歴史上の人物】小学校で学習した歴史上の人物の共通点について考える。	各時代に活躍した人物の共通点について考えよう（→p.20） ・歴史上の人物について，同じ人物を数名選び，共通点を考える。 ・異なる人物を取り上げた例を交流し，同じ時代の人物の共通点を理解する。	○同じ時代の人物の活躍した内容や場所，立場などに着目させる。 ■思ア
4	【時代の変化と文化の関わり】絵画や建造物を比較しながら時代区分との関わりについて考える。	文化に注目して各時代の特徴について考えよう ・世界遺産や国宝に指定されている文化財をカードにして10数点示し，同じ時代のものを選ばせる。 ・時代による文化財の変化を通して，原始・古代・中世・近世・近代という大きな時代の移り変わりに気付かせる。	○発展的な内容として，現代美術やICTを活用した芸術を紹介し，近代から現代への変化にも関心をもたせる。 ■思イ
5	【単元のまとめ】課題意識をもって歴史を追究し学ぶことの大切さに気付く。	これからの歴史で学習したいことについてまとめよう ・単元を貫く学習課題である「小学校の学習は中学校の歴史とどのようにつながっているか」について考えをまとめる。 ・中学校の学習でどのような点を深く学びたいか，意見を交流する。	○小学校の学習内容を踏まえ，どのような課題を中学校でさらに追究したいか考えさせる。 ■態イ

第3時 各時代に活躍した人物の共通点について考えよう

本時の目標

1 導入　藤原道長，紫式部，清少納言の共通点を考える

　小学校で学習した歴史上の人物の中から，藤原道長，紫式部，清少納言の絵を順番に見せながら，誰なのか問う（ワークシートの❶）。意見が出にくい場合は藤原道長であれば「望月の～」の和歌，紫式部や清少納言はそれぞれの作品の一節や作品名をヒントとして出す。人物名を確認した上で，3人に共通する点を考えさせる。その際，「日本人」などの「浅い」考えに終始する場合は，「いつの時代の人物か」「どこに暮らしていたか」「どんな身分か」など，同じ時代に活躍する人物の共通点について，より深く考えるための視点を提示する。

2 展開　興味がある歴史上の人物たちの共通点を考える

　小学校で学んだ人物の中から2～3人の人物を選ばせ，「**選んだ人物にはどのような共通点があるか**」と問う（ワークシートの❷）。その際，同じ時代の人物を選ぶように指示する。同じ時代の人物に限定することで，共通点を考える活動を通して，時代の特色をつかめるようになる。その後，ペアになって相手の選んだ人物とその理由を交流する。

　次に，選んだ人物を短冊形の紙に記入させ，黒板に貼らせる。黒板の上部に弥生時代から昭和まで，時代を示すカードを事前に貼り付けて，人物が活躍した時代がわかるようにする。

> **見方・考え方を働かせるポイント ▶▶▶**
> 　1つは時代区分という年代の基本に関わる視点と，もう1つは共通性という諸事象の特色に関わる視点から，各時代の特色を考察することで，歴史的な見方・考え方を働かせる。

3 まとめ　同じ時代の歴史上の人物の特色について理解する

　同じ時代に活躍した人物の共通点について考える活動を通して，時代によって活躍した人物の立場や活躍した内容が大きく異なることを実感させる（ワークシートの❸）。まとめを通して，時代が転換することや時代区分の意味を実感できるようにする。

ワークシートの解答例

❶　(1)平安
　　(2)（例）平安時代の平安京に暮らした貴族である。

❷　（例）①西郷隆盛，大久保利通，木戸孝允　　　②江戸時代，明治時代
　　　　③薩摩藩や長州藩の武士。江戸幕府を倒した。明治政府の中心になって近代的な国づくりを目指した。

❸　（例）活躍した場所や内容，身分や職業などに共通点がある。

本時のワークシート

単元を貫く学習課題 小学校の学習は中学校の歴史とどのようにつながっているか

歴史上の人物

今日の目標 ▶ 各時代に活躍した人物の共通点について考えよう

❶ 次の人物たちについて考えよう。
　(1) 藤原道長，紫式部，清少納言は，何時代の人物か。　　　　　（　　　）時代
　(2) 上の３人の共通点について考えよう。

❷ 自分の興味がある歴史上の人物について，同じ時代の人物を２～３人選び，共通点を考えよう。

自分		クラスメイト	
①選んだ人物		①選んだ人物	
②活躍した時代		②活躍した時代	
③共通点		③共通点	

❸ 今日の授業で学んだことを，下の書き出しから続くようにまとめよう。

同じ時代に活躍した人物には，

歴史との対話

2 身近な地域の歴史

▶単元構想

単元の目標
- 生活する地域に残る文化財や資料から地域の歴史に関わる情報を読み取ったり，年表などにまとめたりするなどの技能を身に付ける。
- 時代的な背景や地域的な環境，歴史と現在の関連や比較などに着目して，地域に残る文化財や資料を活用して，身近な地域の歴史的な特徴を多面的・多角的に考察し，表現する。
- 自らが生活する地域や受け継がれてきた伝統や文化への関心をもって，地域の歴史に関わる事象を意欲的に追究する。

単元を貫く学習課題
函館の歴史は今の暮らしとどのようにつながっているのだろうか

各時間の目標
1. 学校ができた歴史への関心を高めよう
2. 今と昔の地図を比較しながら函館の歴史について調べよう
3. なぜ函館に北海道唯一の国宝があるのか理解しよう
4. 函館の西部地区に観光客が集まる理由について考えよう
5. 歴史と今の暮らしのつながりについてまとめよう

評価規準

知識・技能	思考・判断・表現	主体的に学習に取り組む態度
ア 身近な地域の現在と昔の地形図を比較しながら，歴史と現在の関連性について読み取っている。 イ 身近な地域に歴史的な価値のある文化財がある理由について，資料を活用しながら理解できている。	ア 現在の観光地の歴史的な成り立ちについて考えている。	ア 学校の歴史を通して，地域への関心を高め，歴史に関わる事象を意欲的に追究しようとしている。 イ 地域の歴史と自分たちの生活のつながりについて，学習した内容を基に意欲的に考えたことを表現しようとしている。

▶単元の指導計画

時	ねらい	学習活動	○教師の指導 ■評価

函館の歴史は今の暮らしとどのようにつながっているのだろうか

時	ねらい	学習活動	○教師の指導 ■評価
1	【学校の歴史】学校の歴史を通して、地域への関心を高め、歴史に関わる事象を意欲的に追究する。	学校ができた歴史への関心を高めよう ・学校の沿革史から、校舎の敷地が元は戦時中に滑走路の予定地だったことなど、学校設立の由来を調べる。 ・単元を貫く学習課題への予測を立てる。	○学校沿革史や周年行事の記念誌から、歴史に関わる文章や写真を選んで提示する。 ■態ア
2	【地図で比べる変化】身近な地域の現在と昔の地形図を比較しながら、歴史と現在の関連性について読み取る。	今と昔の地図を比較しながら函館の歴史について調べよう（→p.24） ・学校所在地の昔の様子について昔の航空写真から読み取りをする。 ・明治、昭和、平成の身近な地域の地図を比べ、町並みや土地利用がどのように変化したのかを調べる。	○地理的分野と関連付けながら、地図を比較して読み取るように指導する。 ■知ア
3	【地域の文化財】身近な地域に歴史的な価値のある文化財がある理由について、資料を活用しながら理解する。	なぜ函館に北海道唯一の国宝があるのか理解しよう ・国宝の中空土偶を始め、世界最古の漆製品など、函館市にある縄文遺跡からの出土品について調べる。 ・青森の三内丸山遺跡など、北東北の縄文文化とのつながりについて考える。 ・北海道・北東北の縄文遺跡群が世界遺産の候補になっていることから、身近な地域の文化財の価値を理解する。	○博物館と連携し、地域の文化財の複製資料や実物の写真を用意して提示する。 ■知イ
4	【地域の歴史と観光】現在の観光地の歴史的な成り立ちについて考える。	函館の西部地区に観光客が集まる理由について考えよう ・明治時代に撮影された西部地区の写真と現在の写真を比較し、共通点を読み取る。 ・西部地区に観光客が集まる理由について考える。	○観光パンフレットや昔の写真など、視覚に訴える資料を活用する。 ■思ア
5	【単元のまとめ】地域の歴史と自分たちの生活のつながりについて、学習した内容を基に意欲的に考えたことを表現する。	歴史と今の暮らしのつながりについてまとめよう ・単元の学習内容を基に、学校の歴史や文化財、観光などの面に着目しながら、単元を貫く学習課題に対する考えを記入する。	○歴史と現在との結び付きについて理解させ、歴史への関心を高めさせる。 ■態イ

第2時 今と昔の地図を比較しながら函館の歴史について調べよう

本時の目標

1 導入　学校所在地周辺の航空写真を比較する

　学校の周年記念誌などに掲載しているの昔の航空写真を見せて「ここはどこの写真か」と問う。つづけて，インターネットで閲覧できる現在の航空写真を提示し，学校所在地周辺の景観の変化に気付かせる。その上で「学校の周りは昔，どのような様子だったのか」と問う。

2 展開　学校所在地周辺の新旧の地図を比較する

　学校周辺の現在と昔の地図を比較する。本実践の場合は，函館市中学校社会科教育研究会が編集した「のびゆく函館」（発行は帝国書院）という地図を活用している。他地域の場合は，図書館で昔の地図を検索し，複写すると良い。また，都市部であれば「今昔マップ on the web」（埼玉大学教育学部の谷謙二准教授作成）を使うと，インターネット上で簡単に新旧の地図を比較できる。

　生徒には，学校周辺の土地利用の変化を中心に調べさせる（ワークシートの❷）。また，設立年数の浅い学校の場合は，学校が建てられる前の様子を地図から読み取らせてもよい。他にも，土地の造成によって高低差がなくなっている場合は，等高線などに注目させる。

　なお，地形図を読み取る技能は，地理的分野の学習で習得するものである。本時では，歴史的な変化に着目させることを優先する。そのため，読図については教師が積極的に支援をすることで，学習を円滑に進めるように配慮する。

> **見方・考え方を働かせるポイント ▶▶▶**
> 　地理的な見方と歴史的な見方を組み合わせて学習させる。展開では，地図を活用して土地利用などの分布の視点を中心にしながら，過去と現在での変化に着目させ，地域の特色と時代の特色について考えさせる。

3 まとめ　地域の歴史についてまとめる

　学校所在地の周辺がどのように変化して現在に至るのか，文章でまとめさせる（ワークシートの❸）。そして，過去を学ぶことで地域への関心が高まることを実感させる。

ワークシートの解答例

❶　（例）学校の周りの写真　【補足】ワークシートを配布する前に，口頭で答えさせる。

❷　（例）学校の周りは畑や荒れ地だったが，現在は住宅地になっている。
　　　　道路が増えている。海が埋め立てられている。山が削られて住宅になっている。

❸　（例）人が住んでいなかったり畑だったりした場所が住宅地となり，学校が建てられた。

本時のワークシート

単元を貫く学習課題 函館の歴史は今の暮らしとどのようにつながっているのだろうか

地域で比べる変化

今日の目標 ▶ 今と昔の地図を比較しながら函館の歴史について調べよう

❶ どの場所の写真か。

❷ 昔と今の学校の周りを地図で比べて，読み取ったことをたくさん書こう。
【読み取るヒント】
・昔の地図では，何に利用されている土地が広がっているか。
・建物や道路はどのように変化しているか。
・地形の変化はあるか。

❸ 今日の授業で学んだことを，下の書き出しから続くようにまとめよう。

自分が住む地域は，

Column 2 「古代までの日本」における アクティブ・ラーニングのポイント

❶ 歴史的な見方・考え方の基本の定着

　「古代までの日本」は，歴史的分野の学習の導入になる単元です。そのため，歴史的な見方・考え方を働かせながら学ぶことに慣れさせることが大切です。その際に留意すべきなのが，小学校の社会科との違いです。小学校の場合は，人物の働きを通して主な事象についての問題を追究し，それを手掛かりに大まかな歴史を理解するのが基本です。事象の起源や背景の視点や，人々の努力や願いという視点に着目して多角的に考察するように，見方・考え方を働かせます。

　しかし，中学校の場合は複数の事象の因果関係や影響などの事象相互の関連の視点から，多面的・多角的に考察して歴史の大きな流れを理解することが中心です。人物より出来事を中心に扱うといえます。なお，多角的とはある事象について様々な立場や視点から考えること，多面的とはある事象の様々な側面に着目して考えることと理解すると良いと思います。

　以上のように小学校と中学校の違いを踏まえて，生徒が追究の視点と方法を自分のものにできるように，指示や発問の中に視点を具体的に組み込むようにしましょう。例えば「弥生文化は縄文文化とどのように異なるのか，生活の変化に注目して説明しなさい」と発問することで，農耕の広まりによる生産技術の発展や社会の変化について，縄文時代との相違の視点や弥生時代の事象の背景の視点から，多面的に考察することができます。

❷ 歴史に関心をもたせる工夫

　古代までの世界や日本の様子は，現代と大きく異なります。その違いを実感させたり，逆に共通点に気付かせたりすることで，歴史への関心を高めさせたいところです。例えば，私が勤務する函館市では，縄文時代の遺跡から幼児の足形付粘土板が出土しています。粘土板は，亡くなった子どもの弔いとして作られたものだと考えられています。子供を思う気持ちが時代を超えて存在することに気付かせると，歴史への関心が高まるきっかけになります。

　ただし，関心を高めることが主眼になり，単元のねらいからずれないような工夫が必要です。例として，律令国家の形成の単元では「東アジアの文物や制度を積極的に取り入れながら国家の仕組みが整えられ，その後，天皇や貴族による政治が展開したこと」の理解が単元のねらいになります。例えば，聖徳太子の頃に箸や歯みがきが伝わったことなどをクイズで出題した後に，聖徳太子の外交の目的について考えさせるなどの工夫を図ると，楽しみながらも単元のねらいに沿った学習になります。

第 3 章

「古代までの日本」の授業展開&ワークシート

世界の古代文明や宗教のおこり　28

日本列島における国家形成　32

律令国家の形成と古代の文化　38

古代までの日本

3 世界の古代文明や宗教のおこり

▶単元構想

単元の目標

○諸資料から歴史に関する様々な情報を効果的に調べてまとめながら，世界の古代文明や宗教のおこりを基に，世界の各地で文明が築かれたことを理解する。

○古代文明や宗教が起こった場所や環境に着目して，事象を相互に関連付けるなどして古代の社会の様子を多面的・多角的に考察し，表現する。

○世界の古代文明の発生や宗教のおこりの要因や影響について主体的に追究するとともに，世界の文化遺産を尊重しようとすることの大切さについての自覚を深め，国際協調の精神を養う。

単元を貫く学習課題

なぜ同じ時期に世界の離れた地域で文明や国が生まれたのか

各時間の目標

1	ヒトと他の動物のちがいを通して人類の進化への関心を高めよう
2	古代文明が発明したことを資料から読み取ろう
3	古代文明に共通することを考えよう
4	文明の交流について理解しよう
5	世界各地で文明が築かれた理由について考えよう

評価規準

知識・技能	思考・判断・表現	主体的に学習に取り組む態度
ア 古代文明の特徴について，生活技術や文字などに関する資料から内容を的確に読み取っている。 イ 離れた地域に成立した文明間の交流の内容や方法について理解している。	ア 古代文明に共通する特徴について，生活技術や文字，国家のおこり，地形などに着目して考えている。 イ 世界各地で文明が築かれた要因や影響について，学習内容を基に考えている。	ア 人類の出現や世界各地で文明が築かれたことに関心を高め，それらの要因を意欲的に追究している。

▶単元の指導計画

時	ねらい	学習活動	○教師の指導 ■評価

なぜ同じ時期に世界の離れた地域で文明や国が生まれたのか

時	ねらい	学習活動	○教師の指導 ■評価
1	【人類の出現】 人類の出現や世界各地で文明が築かれたことに関心を高め、それらの要因を意欲的に追究する。	ヒトと他の動物のちがいを通して人類の進化への関心を高めよう ・ヒトとサルとの違いについてブレーンストーミングで考えを次々と出す。 ・猿人・原人・新人の特色から、ヒトとサルの違いについて確認する。 ・世界の主な古代文明の分布を地図で調べた上で、単元を貫く学習課題に対する考えを記入する。	○古代文明の起こった場所に着目させ、生徒の疑問を引き出しながら単元を貫く学習課題を提示する。 ■態ア
2	【オリエントの古代文明】 古代文明の特徴について、生活技術や文字などに関する資料から内容を的確に読み取る。	古代文明が発明したことを資料から読み取ろう ・エジプト文明とメソポタミア文明について、数学や暦、文字、農耕や牧畜、政治制度などを比較して表にまとめる。 ・エジプト文明の宗教や、メソポタミア文明の法の特色について考える。	○マトリックス図かベン図を用意し、2つの文明を比較しやすいように工夫する。 ■知ア
3	【アジアの古代文明】 古代文明に共通する特徴について、生活技術や文字、国家のおこり、地形などに着目して考える。	古代文明に共通することを考えよう（→p.30） ・中国文明とインダス文明の特色について、資料を基に調べて表にまとめる。 ・前時に学習した2つを含めた4つの文明に共通する点について考える。	○共通点について考える際に、文字や生活技術、地形などの視点を提示する。 ■思イ
4	【秦とローマ帝国】 離れた地域に成立した文明間の交流の内容や方法について理解する。	文明の交流について理解しよう ・秦や漢の政治の特色と、他の民族や地域との関わりについて理解する。 ・ギリシャ・ローマの民主政や共和政と現代の政治を比べ、共通点と相違点について考える。	○宗教のおこりと文明の交流による宗教の広がりについて理解させる。 ■知イ
5	【単元のまとめ】 世界各地で文明が築かれた要因や影響について、学習内容を基に考える。	世界各地で文明が築かれた理由について考えよう ・単元の学習内容を基に、世界各地で文明が築かれた理由について、地形や気候、農耕や牧畜、政治などに着目して考える。 ・現在の世界宗教のおこりについてまとめ、古代の文明との関連について考える。	○日本列島における国の成立の要因につなげて考えることができるようにする。 ■態イ

第3時 古代文明に共通することを考えよう

本時の目標

1 導入　甲骨文字の解読に挑戦する

　殷の時代の甲骨文字の中から「車」「米」「牛」などの文字を提示して，解読に挑戦させる（ワークシートの❶）。その上で，これらの文字が殷の時代に存在したことから**「殷の時代の中国では，どのような農耕や技術があったか」**と問い，口頭で答えさせる。漢字のクイズを通して関心を高めながら，中国文明で稲作や車の使用があったことを理解できる。

2 展開　アジアの古代文明の共通点について考える

　中国文明とインダス文明の特色について，教科書などを使って調べて表にまとめる（ワークシートの❷）。その際，農耕や技術，宗教，文字などに注目して調べるように指示することで，それぞれの文明に関する基礎的な事項を網羅的に理解できる。具体的には，中国文明では稲作や畑作が行われ，青銅器や鉄製農具を使用したことなどを理解させる。インダス文明では，小麦の栽培や牧畜が行われ，インダス文字が使用された他，下水設備を伴う都市の建設も行われたことを理解させる。つづけて**「中国文明とインダス文明の共通点は何か」**と問い，3〜4名のグループかペアで，2つの文明に共通する要素について考えさせる（ワークシートの❸）。

> **見方・考え方を働かせるポイント ▶▶▶**
> 　古代の文明の起源という時期や時間の経過の視点から，古代文明を比較して共通点を多面的・多角的に考えることで，歴史的な見方・考え方を働かせる。

3 まとめ　古代文明の共通点について考える

　「アジアの古代文明の共通点の中に，オリエントの古代文明にも共通する点はあるか」と問い，4つの古代文明の共通点について考えさせる（ワークシートの❹）。この活動も，小グループかペアの学習形態で行うことで，議論を通して深く考えることができる。

ワークシートの解答例

❶　（略）【補足】甲骨文字の中から「米」「牛」「車」などの字を提示するか板書して考えさせる。

❷　（例）①黄河や長江の流域　②インダス川の流域
　　　　　③畑作（黄河流域），稲作（長江流域），青銅器，鉄製農具，甲骨文字
　　　　　④小麦（畑作）や牛の飼育，道路や下水道を整備した都市
　　　　　⑤孔子の儒教　⑥シャカの仏教

❸　（例）大きな川の近くにある。文字の発明。小麦の畑作。宗教が生まれた。

❹　ある。（具体例）大きな川の近くにある。王がいる。文字を発明した。農耕や牧畜を行っている。

本時のワークシート

単元を貫く学習課題 ▶ なぜ同じ時期に世界の離れた地域で文明や国が生まれたのか

アジアの古代文明

今日の目標 ▶ 古代文明に共通することを考えよう

1 次に示す字は何か。

① [ ]   ② [ ]   ③ [ ]

2 アジアの古代文明について調べよう。

	中国文明	インダス文明
発生した場所・地形	①	②
生活のための技術や生み出したもの	③	④
宗教	⑤（戦国時代に）	⑥（紀元前6世紀に）

3 中国文明とインダス文明の共通点は何か。

4 アジアの古代文明の共通点の中に、オリエントの古代文明にも共通する点はあるか。
{　ある　　　ない　}

具体例

第3章　「古代までの日本」の授業展開&ワークシート　31

古代までの日本

4 日本列島における国家形成

▶単元構想

単元の目標
○諸資料から歴史に関する様々な情報を効果的に調べてまとめながら、日本列島における農耕の広まりと生活の変化や信仰の形、大和政権による統一の様子と東アジアの関わりを基に、東アジアの文明の影響を受けながら国家が形成されたことを理解する。
○考古学の成果や神話・伝承を活用しながら、事象を相互に関連付けるなどして、日本列島に国家が形成されていった様子を多面的・多角的に考察し、表現する。
○日本列島に国家が形成された要因について主体的に追究するとともに、多面的・多角的な考察を通して日本の歴史に対する関心を高める。

単元を貫く学習課題
日本列島に、どのように国がつくられていったのか

各時間の目標
1 原始の日本列島の人々の暮らしを理解しよう
2 弥生時代の特色を縄文時代と比べながら考えよう
3 倭の国が中国へ使いを送った理由を理解しよう
4 なぜ大きな古墳をつくることができたのか考えよう
5 北海道と南西諸島の独自の文化について調べよう
6 タイムマシンでの旅行パンフレットを作ろう

評価規準

知識・技能	思考・判断・表現	主体的に学習に取り組む態度
ア 考古学の資料などを活用して、原始時代の日本列島の人々の暮らしの様子について理解している。 イ 倭の国々や大和政権が中国と交流を図った理由について、文献資料を活用して理解している。	ア 弥生時代の特色を農耕の広まりに着目しながら、縄文時代と比較して考えている。 イ 大和政権の特色について理解するために、大規模な古墳がつくられた理由について考察している。	ア 日本列島に国家が形成される中で、独自の文化を発展させた地域への関心を高めている。 イ 日本列島に国家が形成されていった過程について、主体的に追究し、意欲的にその特色を表現しようとしている。

▶単元の指導計画

時	ねらい	学習活動	○教師の指導 ■評価

日本列島に、どのように国がつくられていったのか

時	ねらい	学習活動	○教師の指導 ■評価
1	【旧石器時代と縄文時代】考古学の資料を活用して、原始の日本列島の人々の暮らしの様子について理解する。	原始の日本列島の人々の暮らしを理解しよう ・旧石器時代の生活の特色について調べる。 ・縄文時代の特色について、遺跡や出土品から道具や食事、住居などを調べる。 ・土偶や足形付の粘土板などから、縄文人の精神性について関心を高める。	○「身近な地域の歴史」で学習した内容を振り返らせる。 ■知ア
2	【弥生時代】弥生時代の特色を農耕の広まりに着目しながら、縄文時代と比較して考える。	弥生時代の特色を縄文時代と比べながら考えよう ・三内丸山遺跡と吉野ヶ里遺跡の模型や出土品を比較し、相違点を読み取る。 ・農耕の広まりと争いや貧富の差の発生との因果関係について考える。	○比較の際、道具・集落の構造・食料確保の方法の視点を提示する。 ■思ア
3	【大和政権の成立】倭の国々や大和政権が中国と交流を図った理由について、文献資料を活用して理解する。	倭の国が中国へ使いを送った理由を理解しよう ・漢書地理志、後漢書東夷伝、魏志倭人伝に書かれた、倭の国々について内容を空欄補充の形で読み取る。 ・倭の国々が中国の皇帝に使いを送った理由について考える。	○倭の国内の争いの状況や中国の強大な権力に着目させ、使いを送った理由を考えさせる。 ■知イ
4	【大和政権の政治】大和政権の特色を理解するため、大規模な古墳がつくられた理由について考察する。	なぜ大きな古墳をつくることができたのか考えよう（→p.34） ・古墳に関する疑問を出す。 ・資料を参考に、古墳について調べる。 ・大きな古墳がつくられた理由を、大和政権の権力の大きさと関連付けて考える。	○５Ｗ１Ｈの視点を提示し、疑問をもちやすくする工夫を図る。 ■思イ
5	【南と北の独自の文化】日本列島に国家が形成される中で、独自の文化を発展させた地域への関心を高める。	北海道と南西諸島の独自の文化について調べよう ・続縄文文化と貝塚文化について、生活や道具の特色を資料から読み取る。 ・南北の２つの文化と弥生文化の交流について理解する。	○遺跡や遺物を提示し、関心を高めさせる。 ■態ア
6	【単元のまとめ】日本列島に国家が形成されていった過程について、主体的に追究し、意欲的にその特色を表現する。	タイムマシンでの旅行パンフレットを作ろう（→p.36） ・単元の学習内容を基に、パフォーマンス課題として旅行計画を作成し、簡単なポスターを作成させる。 ・グループ内で交流する。	○実際の旅行の広告を提示し、生徒のイメージを膨らませる。 ■態イ

第３章　「古代までの日本」の授業展開＆ワークシート　33

第4時 本時の目標 なぜ大きな古墳をつくることができたのか考えよう

1 導入　5W1Hの視点から古墳についての疑問を考える

　大山古墳の写真を提示し，エジプト文明のクフ王のピラミッドと大きさを比較する。その上で「**古墳について疑問に思うことは何か**」と問う。その際，5W1HのWhat以外（いつ・どこで・だれが・なぜ・どのように）の視点を提示する（ワークシートの❶）。

2 展開　疑問の解決を通して古墳の特色を多面的に理解させる

　導入で考えた6種類の疑問を発表させ，それぞれの答えを，教科書などを参考にして調べて記入させる（ワークシートの❶）。つづけて，調べたことを交流させる。それによって，古墳の特色について，築造年代や分布，目的，形状などの視点から多面的に理解させる。

　また，「なぜ」や「どのように」の答えが生徒によって異なることに注目させる。「なぜ」や「どのように」の答えには説明的な知識が必要となるため，多様な答えがあることを実感させる。なお，「なぜ」の疑問として「なぜ鍵穴のような形なのか」といった内容が出される場合がある。前方後円墳などの形状になった理由は明らかになっていないので，用途の違い（円墳に埋葬し，方墳は祭祀の場だと推測されること）などについて調べさせると良い。

> **見方・考え方を働かせるポイント ▶▶▶**
> 5W1Hという形で古墳についての疑問を考えさせることで，多面的に考察するための視点を身に付けることができる。この視点は，他の事象についての見方・考え方にも応用できる。

3 まとめ　権力者が登場したことを理解する

　本時のまとめとして「**大きな古墳をつくることができたのは，どのような人物が登場したからか**」と問う（ワークシートの❷）。展開で古墳について調べたことを参考に，大和政権の成立によって，大規模な古墳をつくることができるほどの権力者としての大王が現れたことを理解させる。

ワークシートの解答例

❶　（例）①いつ古墳はできたのか。　　A．3〜7世紀頃。大山古墳は5世紀頃。
　　（例）②どこに古墳はあるのか。　　B．大規模な古墳は近畿に集中している。
　　（例）③誰が古墳をつくったのか。　C．各地の豪族。大山古墳は豪族をまとめた大王。
　　（例）④どのように古墳はつくられたのか。　D．豪族や大王が人や材料を集めてつくらせた。
　　（例）⑤なぜ大きな古墳をつくったのか。　E．豪族や大王が自分の権力を示すため。

❷　（例）古墳をつくるために人や材料を集めることができるような，広い地域を支配する権力者。

本時のワークシート

単元を貫く学習課題 ▶ 日本列島に，どのように国がつくられていったのか

大和政権の政治

今日の目標 ▶ なぜ大きな古墳をつくることができたのか考えよう

❶ 古墳について疑問に思うことは何か。

視点	疑問	答え
いつ When	①	A
どこで Where	②	B
誰が Who	③	C
どのように How	④	D
なぜ Why	⑤	E

❷ 大きな古墳をつくることができたのは，どのような人物が登場したからか。

第6時 本時の目標 タイムマシンでの旅行パンフレットを作ろう

1 導入　単元の学習内容を振り返る

　拡大した年表を板書するか黒板に掲示し，旧石器時代から大和政権までの歴史の流れを確認する。その際，各時代名や主な語句を確認する。また，各時間の目標とまとめを順番に復習することで，時代の特色を大まかに捉えさせる。

2 展開　旅行計画を立てて交流する

　単元のまとめとして「タイムマシンで原始や古代の日本を旅行するなら，どのような旅行計画を立てるか」と問い，旧石器時代，縄文時代，弥生時代，古墳時代から１つを選んで旅行計画を考えさせる（ワークシート）。観光の場所・旅のポイント（体験や見学）・食事・宿泊施設を考え，旅行のタイトルは「～がわかる…の旅」という表現をするように条件を示す。

　なお，時間に余裕がある場合は２時間扱いとし，パフォーマンス課題としてＢ５～Ａ４サイズの小さなポスターを作成する方法もある。旅行計画の参考として，実際の旅行会社の広告を何枚か提示すると，イメージをつかみやすい。

　作成した旅行計画は，小グループで交流し，とくに優れた作品は全体に紹介する。全体に紹介する際は，実物投影機か，タブレット端末で撮影したものをスクリーン等に写すと良い。

> **見方・考え方を働かせるポイント** ▶▶▶
> 　旅行計画を作成する際には，複数の時代を比較して，原始から古代の各時代の違いという推移に着目しながら時代の特色を考えさせることで，見方・考え方を働かせる。また，旅行のタイトルや内容を考えることで，時代の特色を端的に表現する。

3 まとめ　単元を貫く学習課題に対する考えをまとめる

　これまでの学習内容を基に，別紙などに単元を貫く学習課題に対する考えをまとめさせる。なお，まとめの際には「国」の範囲が変化していくことにも着目させる。

ワークシートの解答例

（例）旅行タイトル…昔の稲作がわかる！　～弥生時代の吉野ヶ里の旅～

　　　観光の場所…弥生時代の吉野ヶ里遺跡へ行き，邪馬台国の水田，集落を見学。

　　　旅のポイント…石包丁で米の収穫体験をし，収穫したら高床倉庫へ。支配者へインタビュー。
　　　　　　　　　　弥生土器づくり体験。銅鐸でのまつり体験。争いに備えた訓練の体験。

　　　食事…収穫したての米。

　　　宿泊施設…集落の竪穴住居。

本時のワークシート

単元を貫く学習課題 ▶ 日本列島に，どのように国がつくられていったのか

原始・古代のまとめ

今日の目標 ▶ タイムマシンでの旅行パンフレットを作ろう

> 20XX年，タイムマシンが実用化され，過去への時間旅行が当たり前になった時代。あなたは，旅行会社で働いている。**タイムマシンで原始や古代の日本を旅行するなら，どのような旅行計画を立てるか。**旧石器時代，縄文時代，弥生時代，古墳時代から1つを選んで旅行計画を考えよう。

旅行タイトル	
観光の場所 （コース）	
旅のポイント （見学・体験）	
食事	
宿泊施設	
その他の内容	

古代までの日本

5 律令国家の形成と古代の文化

▶単元構想

単元の目標

○東アジアの制度を取り入れながら国家の仕組みが整えられ，天皇や貴族による政治が展開したこと，仏教や国際的要素を基礎として文化の国風化が進んだことを理解する。
○東アジアの動きが政治と文化に与えた影響に着目しながら，律令国家の確立や文化の国風化に至るまでの過程について，多面的・多角的に考察し，その内容を表現する。
○国際的な関わりの中で律令国家が確立し，天皇や貴族による政治が行われたことについて主体的に追究するとともに，国家や文化の発展に対する関心を高める。

単元を貫く学習課題

古代の東アジアで，日本は生き残るためにどのような工夫をしたのか

各時間の目標

1	7～8世紀の東アジアの変化に関心を高めよう
2	聖徳太子の政治を，それまでの政治と比べて考えよう
3	律令国家の成立に最も影響した出来事について考えよう
4	奈良時代の日本が唐から受けた影響を理解しよう
5	律令制での貴族や農民の暮らしを資料から読み取ろう
6	藤原氏がどのように政治の実権を握ったか理解しよう
7	国風文化の特色を唐との関係の変化から説明しよう
8	古代の日本が隋や唐に負けずに発展を目指した工夫をまとめよう

評価規準

知識・技能	思考・判断・表現	主体的に学習に取り組む態度
ア　奈良時代の日本が唐から受けた影響について理解している。 イ　律令制における貴族と農民の暮らしについて資料から読み取っている。 ウ　摂関政治の特色について理解している。	ア　聖徳太子の政治の特色について大和政権と比較して考えている。 イ　律令国家が成立するまでの推移について考えている。 ウ　国風文化の特色を唐との関係から説明している。	ア　東アジアにおける統一国家の成立が日本へ与える影響について関心を高めている。 イ　古代の日本が国家の仕組みを整えた過程を意欲的にまとめ，主体的に課題を追究している。

▶単元の指導計画

時	ねらい	学習活動	○教師の指導 ■評価

古代の東アジアで，日本は生き残るためにどのような工夫をしたのか

時	ねらい	学習活動	○教師の指導 ■評価
1	【隋と唐】 東アジアの統一国家の成立が日本へ与える影響に関心を高める。	7～8世紀の東アジアの変化に関心を高めよう ・7～8世紀の世界史年表から，隋や唐，新羅などの統一国家の勢力を理解する。 ・単元を貫く学習課題の予想を立てる。	○年表と世界地図を活用する。 ■態ア
2	【聖徳太子の政治】 聖徳太子の政治の特色について大和政権と比較して考える。	聖徳太子の政治を，それまでの政治と比べて考えよう ・聖徳太子の政治について，外交，役人の登用，仏教に着目しながら，これまでの政治と比較し，ねらいについて考える。	○東アジアの変化との関係に着目させる。 ■思ア
3	【大化の改新と律令国家】 律令国家の成立までの推移について考える。	律令国家の成立に最も影響した出来事について考えよう（→p.40） ・大化の改新から大宝律令までの年表を提示し，律令国家が成立する上で，最も重要な出来事は何かを考えさせる。	○年表を活用し，政治の推移に着目させる。 ■思イ
4	【奈良時代】 奈良時代の日本が唐から受けた影響について理解する。	奈良時代の日本が唐から受けた影響を理解しよう ・平城京と長安を図などで比べ，関連性を理解する。 ・世界遺産や国宝に指定される文化財と，遣唐使の関係について考える。	○現存する文化財を資料として活用する。 ■知ア
5	【律令制下の暮らし】 律令制の貴族と農民の暮らしについて資料から読み取る。	律令制での貴族や農民の暮らしを資料から読み取ろう ・貴族の食事の復元写真から，奈良時代の税制の仕組みについて考える。 ・計帳から税の負担の重さを読み取る。	○税の重さから公地公民の崩れを理解する。 ■知イ
6	【平安京と摂関政治】 摂関政治の特色について理解する。	藤原氏がどのように政治の実権を握ったか理解しよう（→p.42） ・桓武天皇の政治と藤原氏の摂関政治を比較する。 ・藤原氏と他の貴族の違いを考えさせる。	○小学校の既習事項を確認して活用する。 ■知ウ
7	【国風文化】 国風文化の特色を唐との関係から説明する。	国風文化の特色を唐との関係の変化から説明しよう ・国風文化が生まれた理由を，唐の衰退と摂関政治の特色と関連付けて考える。 ・密教と浄土の教えの広まりを理解する。	○唐の滅亡が与えた影響について着目させる。 ■思ウ
8	【単元のまとめ】 古代の日本が国家の仕組みを整えた過程をまとめる。	古代の日本が隋や唐に負けずに発展を目指した工夫をまとめよう ・単元の学習内容を基に，古代の日本がどのように発展したかについて考える。 ・古代がどのような時代か表現させる。	○国家の変化や政治主体の変化に着目させる。 ■態イ

第3時 律令国家の成立に最も影響した出来事について考えよう

本時の目標

1 導入　豪族から貴族への変化について関心をもつ

　豪族と貴族の2つの文字を見比べさせて，印象の違いを口頭で答えさせる。その上で「**豪族と貴族の違いを，暮らす場所や特権に注目して調べよう**」と問い，教科書の記述から豪族と貴族の用法の違いに気付かせる（ワークシートの❶）。生徒は，中央の豪族が特権を与えられて貴族という身分が生まれたことを理解できる。

2 展開　年表から律令国家の成立に影響を与えた出来事をランク付けする

　「律令国家が成立するまでの流れを調べよう」と問いかけ，大化の改新から律令国家の成立までの主な出来事を調べて年表に書き入れさせる（ワークシートの❷）。

　次に「**大化の改新から大宝律令までの数十年間で，律令国家の成立に最も影響を与えた出来事は何か**」と問い，完成した年表の中から，律令国家の成立に影響を与えた出来事を上位から3つ選ばせる。年表を使い，1位～3位と考えた出来事の上に付箋を貼り，付箋には理由を書く。生徒に対しては，ランク付けの順位以上に，その順位にした理由が重要であることを説明する。小グループ内で，ランキングの根拠を発表し合う。

> **見方・考え方を働かせるポイント ▶▶▶**
> 　律令国家の成立への歩みという推移の視点から，時代の転換の様子について考えさせる。推移に着目させるために，年表形式のワークシートを用いる工夫を図る。

3 まとめ　律令国家の成立の意義についてまとめる

　本時のまとめとして，空欄補充の形で律令国家の特色をまとめる（ワークシートの❸）。なお，生徒に文章記述の表現力が十分に身に付いている場合は，逆に空欄補充の語句を用いて自分で文章をまとめる方法も考えられる。

ワークシートの解答例

❶（例）貴族は中央にいる。朝廷の役職に応じた給与が支払われる。

❷　①中大兄皇子　②中臣鎌足　③大化の改新　④白村江の戦い　⑤天智天皇　⑥壬申の乱
　　⑦天武天皇　⑧大宝律令　⑨国
　　（ランク付けの例）1位…大宝律令【理由】律令国家の仕組みが定まったから。
　　　　　　　　　　　2位…大化の改新【理由】公地公民や税の制度を整えるきっかけになったから。
　　　　　　　　　　　3位…白村江の戦い【理由】朝廷が敗れたことで，逆に中央集権が進んだから。

❸　⑩公地公民　⑪天皇　⑫中央集権

本時のワークシート

単元を貫く学習課題 ▶ 古代の東アジアで，日本は生き残るためにどのような工夫をしたのか

大化の改新と律令国家

今日の目標 ▶ 律令国家の成立に最も影響した出来事について考えよう

❶ 豪族と貴族の違いを，暮らす場所や特権に注目して調べよう。

❷ 律令国家が成立するまでの流れを調べよう。

年	出来事
645	（①　　　　　　　）や（②　　　　　　　）が蘇我氏をたおし，（③　　　　　　　）を始める。
663	（④　　　　　　　）で唐・新羅連合軍に敗れる。
668	（①）が（⑤　　　　　　　）となる。
672	皇位を巡って（⑥　　　　　　　）が起きる。
673	（⑥）に勝利した皇子が（⑦　　　　　　　）となる。
701	（⑧　　　　　　　）が定められる。 …二官八省の役所。地方は（⑨　　　）・郡・里。

❸ 【まとめ】律令国家が成立したことで，どのような政治が進められたか。

　律令によって土地と人民を国が直接支配する（⑩　　　　　　　）の仕組みが整い，（⑪　　　　　　　）を中心として朝廷が全国を統一して支配する（⑫　　　　　　　）の国家が生まれた。

藤原氏がどのように政治の実権を握ったか理解しよう

本時の目標

1 導入　桓武天皇の遷都のねらいについて考える

　桓武天皇が平城京から長岡京, さらに平安京へと都を移したことを調べる。続けて「桓武天皇はなぜ奈良から京都へ都を移したのか」と問い, 政治の立て直しを目指したことを理解させる。その上で, 9世紀に藤原氏が政治の実権を握ったことを示して「なぜ天皇に代わって貴族の藤原氏が政治を動かすようになったのか」と問いかけ, 小学校の既習事項を確認する。

2 展開　桓武天皇の政治と摂関政治を比較する

　桓武天皇の政治と藤原氏の摂関政治について, 表を使って比較をする。まず, それぞれの項目について教科書などで調べさせる（ワークシートの❷）。その上で「桓武天皇の政治の頃と藤原氏の政治の頃を比べると, 地方の土地制度や政治はどのように変化したか」と問い, 小グループなどの形態で政治の実権が移った理由について考えさせる。考えた内容は, 発表用ホワイトボードやタブレット端末に記入して発表させる（A3サイズのコピー用紙でも良い）。解答例としては「地方では公地公民が崩れて荘園が増加する中で, 国司に政治が任されるようになった。そして, 国司に任命してもらうために, 貴族同士の権力争いが増え, 荘園を多くもつ貴族が力をもつようになった」などが考えられる。

> **見方・考え方を働かせるポイント ▶▶▶**
> 公地公民の崩壊に伴う貴族の権力闘争の変化という視点に着目させ, 桓武天皇の政治と藤原氏の摂関政治を比較したり, 藤原氏と他の貴族を比較したりすることで見方・考え方を働かせる。

3 まとめ　藤原氏の政治の特色について考える

　「藤原氏と他の貴族の違いに注目し, 藤原氏が権力を握った理由を考えよう」と問う（ワークシートの❸）。その際, 藤原氏と皇室の系図などの資料に着目させ, 藤原氏が天皇との血縁関係を利用して朝廷の実権を握ったことに気付かせる。さらに, 国司の任命権を手にすることで他の貴族からの寄進を集め, 荘園からの収入もあって権力基盤を確立したことを理解させる。

ワークシートの解答例

❶ (1) ①桓武　②平安京
　(2) (例) 平城京にいた, 権力争いをする貴族や僧の影響を減らすため。

❷ ③坂上田村麻呂　④蝦夷　⑤荘園　⑥摂政　⑦関白

❸ (例) 娘を天皇のきさきとし, その子を次の天皇にすることで摂政や関白の地位につくなど, 朝廷の主な役職を独占したから。

本時のワークシート

単元を貫く学習課題 ▶ 古代の東アジアで，日本は生き残るためにどのような工夫をしたのか

平安京と摂関政治

今日の目標 ▶ 藤原氏がどのように政治の実権を握ったか理解しよう

❶ 奈良から京都へ

(1) (① 　　　　　) 天皇…奈良の平城京から京都の長岡京に都を移し，794年には現在の京都に (② 　　　　　) をつくる。

(2) なぜ京都へ都を移したのか。貴族や僧の影響に注目して考えよう。

　

❷ 桓武天皇の政治と藤原氏の摂関政治を比べよう。

桓武天皇の政治	政治	藤原氏の摂関政治
9世紀初め	時期	9世紀半ば〜11世紀
国司の不正を取りしまり，公地公民を守ろうとする。	地方の政治	国司に任せ，班田収授の制度をやめ，公地公民が崩れる。
口分田からの税が中心。	収入源	口分田からの税や，国司からの贈り物や私有地の (⑤ 　　　　) からの収入が重要になる。
(③ 　　　　　　　　　) を征夷大将軍に任命し，東北の (④ 　　　　) を従わせる。	その他の政治の特色	娘を天皇のきさきとして実権を握る。10世紀半ばからは，天皇が幼い時は (⑥ 　　　　)，成人してからは (⑦ 　　　　) として政治を行う。

❸ 藤原氏と他の貴族の違いに注目しながら，藤原氏が権力を握った理由を考えよう。

Column 3 「中世の日本」における アクティブ・ラーニングのポイント

❶ 中世という時代の特色

　中世の日本は，どのような時代だったのでしょうか。学習指導要領を見ると，3つの側面があると解釈できます。1つ目が，政治面で鎌倉時代に武家政権が成立し，その支配を広げ，室町時代には武家政治が展開するという流れです。2つ目が生活・文化面で民衆の成長です。産業の発達に伴う民衆の成長が室町時代には自治として結実します。さらに，応仁の乱後の社会的な変動が，民衆をさらに成長させます。3つ目が世界のつながりです。鎌倉時代にはユーラシアの政治的な変化に伴って元寇が起き，室町時代には東アジア世界との密接な関わりが見られます。これらの時代の特色を端的に表すならば，「中世は武士と民衆の時代である」と言えるでしょう。

　以上のような時代の特色を理解させるためには，古代と比較しながら中世へと移り変わる様子に着目させることが大切です。生徒には，古代と比べて中世の社会がどのように変化したかという視点から見方を働かせるように促しましょう。

　また，古代から突然中世へと時代が変化するわけではありません。平安時代に武士がおこり，貴族に代わって政権を担ったことに着目させ，推移の視点から時代の転換について考えさせることで，歴史的な見方・考え方を働かせて時代の特色を生徒に理解させるようにしましょう。

❷ 見方・考え方を働かせるための資料の活用

　古代と比べて中世には，多くの文献資料や絵画資料が残っています。それらの資料から情報を読み取り，根拠を明確にしながら歴史的事象の意味や関連性について考える活動ができます。ただし，資料は難解です。どこに注目させるか，指示や発問で明確にしましょう。

　例えば『蒙古襲来絵詞』であれば，「資料から元軍と御家人たちの戦い方や武器に注目して，幕府が苦戦した理由について考えよう」など，資料のどこに注目すべきか，具体的に示すことが重要です。また，絵画資料には意図が反映されます。てつはうが描かれた有名な場面では，当初は逃げる元軍だけが描かれ，後に攻撃する兵を描き足したと言われています。筆のタッチも異なります。描き足した理由を考えさせると，恩賞を求める御家人の気持ちを実感できます。

　また，中世には民衆に関する資料が残っています。地頭の横暴を訴えた紀伊国阿弖河荘民の訴状や，正長の土一揆の成果を記録した柳生の徳政碑文などの資料を活用して，書かれた文字と内容から中世の民衆の思いを感じ取らせながら，武士による支配や民衆の成長について理解させましょう。資料を読み取る際は，抜粋したり現代語訳にしたりするなどの工夫も必要です。

第 **4** 章

「中世の日本」の授業展開&ワークシート

武家政治の成立と
ユーラシアの交流　46

武家政治の展開と東アジアの動き　52

民衆の成長と新たな文化の形成　58

中世の日本

6 武家政治の成立とユーラシアの交流

▶単元構想

単元の目標

○武士の政治への進出やユーラシアの変化に着目して，鎌倉幕府の成立，元寇などを基に，天皇や貴族の政治との違いについて考えながら，武家政治の成立の背景と推移や，元寇の背景や国内に及ぼした影響について理解する。

○中世における政治の展開，産業の発達，社会の様子，文化の特色などについて古代と中世との共通点や相違点に着目し，中世の学習の内容を比較したり関連付けたりするなどして，その結果を議論するとともに，言葉や図で表現する。

○国際的な関わりの中で武家政治の成立と推移について主体的に追究するとともに，国家や文化の発展に対する関心を高める。

単元を貫く学習課題

なぜ朝廷や貴族から武士へ支配者が代わったのだろうか

各時間の目標

1	世界と日本で武力を背景にした政権が成立した理由を予測しよう
2	武士の立場の変化について，絵画資料から読み取ろう
3	鎌倉幕府が武士の支持を得た理由について考えよう
4	承久の乱を通して武士の支配はどのように変化したか考えよう
5	天平文化や国風文化と比べながら鎌倉文化について理解しよう
6	元軍を退けたのに幕府が衰えた理由について考えよう
7	中世前半は何の時代と言えるか考えよう

評価規準

知識・技能
ア　武士が台頭する過程について，絵画資料から情報を的確に読み取っている。
イ　鎌倉文化の特色について，古代の文化と比較しながら理解している。

思考・判断・表現
ア　鎌倉幕府の成立した背景について，主従の結び付きに着目して考えている。
イ　武士の支配の広まりについて地図を活用して考えている。
ウ　元寇が国内に及ぼした影響について考えている。

主体的に学習に取り組む態度
ア　モンゴル帝国の成立と拡大や武士政権が成立したことについて関心を高めている。
イ　武士の政治への進出と展開による社会の変化について意欲的に考察し，関心を高めている。

▶単元の指導計画

時	ねらい	学習活動	○教師の指導 ■評価
		なぜ朝廷や貴族から武士へ支配者が代わったのだろうか	
1	【10〜13世紀の世界】モンゴル帝国の成立と拡大や武士政権が成立したことについて関心を高める。	世界と日本で武力を背景にした政権が成立した理由を予測しよう ・モンゴル帝国の成立から領域を拡大し、元寇を行うまでの動きについて、年表を埋める形で調べる。 ・単元を貫く学習課題に対して予想を立てる。	○中国の宋や朝鮮半島の高麗の成立とモンゴルの侵攻を取り上げる。 ■態ア
2	【院政と平氏政権】武士が台頭する過程について、絵画資料から情報を的確に読み取る。	武士の立場の変化について、絵画資料から読み取ろう（→p.48） ・複数の絵画から、武士の生活や役割について情報を読み取る。 ・平清盛の政治の特色について、藤原氏の政治との相違点と共通点を考える。	○院政と武士の台頭の因果関係について理解させる。 ■知ア
3	【鎌倉幕府の成立】鎌倉幕府の成立した背景について、主従の結び付きに着目して考える。	鎌倉幕府が武士の支持を得た理由について考えよう ・鎌倉幕府が成立するまでの流れを調べる。 ・平氏政権と鎌倉幕府の政治を比較し、鎌倉幕府が、御恩と奉公の主従関係によって支えられたことを理解する。	○封建制度のしくみについて、関係図を作成させて考えさせる。 ■思ア
4	【承久の乱】武士の支配の広まりについて地図を活用して考える。	承久の乱を通して武士の支配はどのように変化したか考えよう（→p.50） ・承久の乱で幕府側が勝利した理由を主従関係から考える。 ・幕府の支配の広がりについて考える。	○文字資料や地図を活用して考えさせる。 ■思イ
5	【鎌倉文化】鎌倉文化の特色について、古代の文化と比較しながら理解する。	天平文化や国風文化と比べながら鎌倉文化について理解しよう ・鎌倉時代の文化財や仏教の特色を、天平文化や国風文化の文化財と比較して考える。	○産業の発展の影響についても着目させる。 ■知イ
6	【元寇】元寇が国内に及ぼした影響について考える。	元軍を退けたのに幕府が衰えた理由について考えよう ・2度の蒙古襲来と対応について調べる。 ・御家人が困窮し、幕府への不満を高めた理由について考える。	○絵画資料から、恩賞の重要性に気付かせる。 ■思ウ
7	【単元のまとめ】武士の政治への進出と展開による社会の変化について意欲的に考察する。	中世前半は何の時代と言えるか考えよう ・単元の学習内容を基に「中世は〜の時代」という形で時代の特色を表現し、その理由を交流する。 ・単元を貫く学習課題への考えをまとめる。	○政治面だけではなく、文化や産業、国際社会の変化に着目させる。 ■態イ

第2時 武士の立場の変化について，絵画資料から読み取ろう

本時の目標

1 導入　武士のおこりについて調べる

　平安時代の復習として，地方で有力な農民が成長する一方で，地方の政治が変化して国司に任されるようになったことを確認する。その上で「有力な農民は，土地を自分で守らなければいけなくなった。どのように守るか」と問う（ワークシートの❶）。領地を守るために自ら武装し，団結する必要が生じたことで武士が生まれ，武士団が形づくられたことを理解させる。

2 展開　武士の役割と政治的な成長について絵画資料から読み取る

　ワークシートの❷と同じ年表を拡大して黒板に掲示または板書をする。スクリーンやテレビに映しても良い。そして「武士が成長する歴史を調べよう」と問いかけ，空欄を埋めさせる。その上で，3枚の絵画を提示して「それぞれの絵画は，年表のどの時点の武士の様子を表現したものか」と問い，小グループで話し合わせる。提示する絵画は『春日権現験記絵』で武官が白河上皇の警護をする場面に加え，『平治物語絵巻』で源義朝が後白河上皇の御所に放火した場面，『安徳天皇縁起絵図』の壇ノ浦の戦いの場面の3つとする。読み取りの際に，絵のどこに武士がいて，何をしているか注目するように促す。絵画に描かれた情報を読み取りながら，武士が朝廷と接近して勢力を強め，やがて武士同士で覇権を争うようになったことを理解させる。

　　見方・考え方を働かせるポイント ▶▶▶
　　　武士の起源や成長という時間の経過の視点から，朝廷と武士の接近と武家政権の成立について考えさせる。また，絵画資料のどこに注目すべきかを明確に指示することで，朝廷と武士の関係などについて視点が明確になるように，見方・考え方を働かせる工夫を図る。

3 まとめ　平清盛の政治の特色について，藤原氏の政治との相違点と共通点を考える

　年表の中から平清盛が太政大臣になったことを取り上げて，「平清盛の政治と摂関政治の共通点は何か」と問い，平氏政権の貴族的な側面を理解させる。朝廷の役職の独占や所領安堵が不十分な点が，平氏以外の武士の不満を高める結果となったことに気付かせる。

ワークシートの解答例

❶ （例）武器をもって土地を守る。仲間と協力して土地を守る。
❷ ①白河上皇　②院政　③保元　④平治　⑤平清盛　⑥太政大臣　⑦壇ノ浦
❸ （略）
❹ （例）娘を天皇のきさきとしたこと。朝廷の役職を一族で独占したこと。
　【補足】摂関政治との違いとして，大輪田泊を整備して宋と貿易を行ったことにも言及する。

本時のワークシート

単元を貫く学習課題　なぜ朝廷や貴族から武士へ支配者が代わったのだろうか

院政と平氏政権

今日の目標 ▶ 武士の立場の変化について，絵画資料から読み取ろう

❶ 有力な農民は，土地を自分で守らなければいけなくなった。どのように守るか。

❷ 武士が成長する歴史を調べよう。

年	出来事
935	関東で平将門の乱が起きる
939	西国で藤原純友の乱が起きる
1016	藤原道長が摂政となる
1086	（①　　　　　　　）が（②　　　　　　）を始める…天皇に代わって政治。警護に武士を利用。
1156	（③　　　　　）の乱が起こる…（②）をめぐる天皇や貴族の争いを武士が解決する。
1159	（④　　　　　）の乱が起こる…武士団の棟梁である源氏と平氏が争い，平氏が勝利する。
1167	（⑤　　　　　）が（⑥　　　　　　）となる
1185	（⑦　　　　　）の戦い（山口県）で平氏がほろぶ

❸ それぞれの絵画は，年表のどの時点の武士の様子を表現したものか。

❹ 平清盛の政治と摂関政治の共通点は何か。

第4時 承久の乱を通して武士の支配はどのように変化したか考えよう

本時の目標

1 導入 執権政治の開始と朝廷との対立について理解する

　鎌倉幕府の歴代将軍の姓名を示して，源氏の将軍が3代で途絶えたことに気付かせる。そして，源頼朝の死後に政治の実権が将軍から北条氏へ移り，執権政治が行われたことを確認する。さらに，朝廷で院政を行っていた後鳥羽上皇が，源氏の将軍が絶えたことをきっかけに幕府を倒そうと承久の乱を起こしたことを伝え，北条義時の追討令を読ませる。

2 展開 承久の乱の勝因とその後の支配の変化について考える

　承久の乱では，幕府側が圧倒的な戦力差（『吾妻鏡』などによれば幕府側が約19万人・朝廷側が約2万人）で勝利したことを伝える。その上で「**なぜ多くの武士が鎌倉幕府に味方したのか。幕府と御家人の結び付きに注目して考えよう**」と発問し，御恩と奉公の封建制度に着目させながら承久の乱で幕府側が勝利した理由について考えさせる（ワークシートの❷）。この際，北条政子が御家人たちへ訴えた内容の資料を参考にさせると良い。

　つぎに，承久の乱後の新補地頭や守護の交代を地図に示した資料を活用して「**承久の乱後に，鎌倉幕府の支配がどのように変化したのか**」と問う（ワークシートの❸）。上皇の追放や六波羅探題の設置と合わせ，鎌倉幕府の支配が全国へ広がったことを理解させる。

> **見方・考え方を働かせるポイント ▶▶▶**
> 　承久の乱の勝利に関して封建制度がどのような影響を及ぼしたのかという因果関係の視点をもたせる。また，承久の乱後の守護・地頭の交代や新たな設置に関わっては，地理的な分布の視点を取り入れて，鎌倉幕府の支配が全国へ広まったことを読み取らせるように工夫する。

3 まとめ 幕府が全国を支配したことによる政治の変化について考える

　承久の乱の後に御成敗式目が制定されたことを示して「**鎌倉幕府の支配の変化と御成敗式目にはどのような関係があるか**」と問う（ワークシートの❹）。土地を巡る訴えの増加を背景にしながら，武士のための法律を全国へ公布することが可能になったことを理解させる。

ワークシートの解答例

❶（例）4代目の将軍から源氏ではなくなっている。

❷（例）御恩と奉公の関係から，幕府に味方すれば新たに守護や地頭になることができるから。
　　　　鎌倉幕府に土地の権利を認められた恩があるから。

❸（例）西国の多くで守護が交代し，地頭が新たに任命され，幕府の支配が全国へ広がった。

❹（例）土地に関する争いが増えたため，裁判を公平に行うための全国的な基準が必要になった。

本時のワークシート

単元を貫く学習課題 なぜ朝廷や貴族から武士へ支配者が代わったのだろうか

承久の乱

今日の目標 ▶ 承久の乱を通して武士の支配はどのように変化したか考えよう

❶ 鎌倉幕府の歴代将軍を見て，何か気付くことはないか。

[補足] 北条氏による**執権政治**の開始

❷ 承久の乱（1221年）…後鳥羽上皇が北条義時の追討を命じる。
多くの武士が鎌倉幕府に味方した理由を，幕府と御家人の結び付きに注目して考えよう。

❸ 承久の乱後に，鎌倉幕府の支配がどのように変化したのか。守護や地頭の配置の変化に注目して考えよう。

[補足] 承久の乱後に京都に**六波羅探題**を設置…朝廷の監視を強める

❹ 御成敗式目（1221年）の制定…執権の北条泰時
鎌倉幕府の支配の変化と御成敗式目にはどのような関係があるか。

中世の日本

7 武家政治の展開と東アジアの動き

▶単元構想

単元の目標

○中世における南北朝の争乱と室町幕府、日明貿易や琉球の国際的な役割などを基に、武家政治の展開とともに、東アジア世界と日本の密接な関わりが見られたことを理解する。

○武家政治の展開や東アジア世界との交流に着目して、室町時代の武家政治の動きや特徴について考察したり、東アジアの動きが室町幕府の政治や社会に与えた影響について考察したりするとともに、これらの考察の結果を言葉や図で表現する。

○国際的な関わりの中で武家政治の展開について主体的に追究するとともに、国家や文化の発展に対する関心を高め、国際協調の精神を養う。

単元を貫く学習課題

室町時代は鎌倉時代からどのように発展した時代だと言えるか

各時間の目標

1	武家と公家の関係の変化について考えよう
2	室町幕府のしくみを資料から読み取ろう
3	勘合貿易が東アジアに与えた影響について考えよう
4	琉球王国とアイヌ民族が東アジアで果たした役割を理解しよう
5	室町時代には武家社会がどのように変化したかまとめよう

評価規準

知識・技能	思考・判断・表現	主体的に学習に取り組む態度
ア 室町幕府の政治のしくみや守護大名の役割について、地図や組織図から内容を読み取っている。 イ 琉球王国とアイヌ民族の国際的な役割について、考えたことを理解している。	ア 室町幕府が成立した理由について、建武の新政の問題点に着目しながら考えている。 イ 日本と東アジアの交流の様子や意義について、勘合貿易を中心に考えている。	ア 室町時代における、武士による政治や武家社会の発展の様子について主体的に追究し、学習した内容を意欲的にまとめている。

▶単元の指導計画

時	ねらい	学習活動	○教師の指導　■評価
		室町時代は鎌倉時代からどのように発展した時代だと言えるか	
1	【南北朝の内乱と室町幕府の成立】室町幕府が成立した理由について，建武の新政の問題点に着目しながら考える。	武家と公家の関係の変化について考えよう（→p.54） ・建武の新政から南北朝の内乱の終結までの主な歴史的なできごとを確認する。 ・幕府と朝廷の関係の変化について，図を用いて説明する。 ・単元を貫く学習課題への予想を立てる。	○鎌倉時代との細かな差異よりも，武家政権の展開という大きな視点で考えさせる。 ■思ア
2	【室町幕府のしくみ】室町幕府の政治のしくみや守護大名の役割について，地図や組織図から内容を読み取る。	室町幕府のしくみを資料から読み取ろう ・鎌倉幕府と室町幕府の組織図を比較し，共通点に気付く。 ・鎌倉府の役割について，鎌倉幕府の六波羅探題と関連付けて理解する。 ・守護と守護大名の違いを理解する。	○守護が国司に代わって領地を支配するようになったことを理解させる。 ■知ア
3	【東アジア世界の交流】日本と東アジアの交流の様子や意義について，勘合貿易を中心に考える。	勘合貿易が東アジアに与えた影響について考えよう ・明と朝鮮の成立の流れを調べる。 ・倭寇の活動について資料から読み取る。 ・勘合貿易の意義について，将軍・皇帝・倭寇・日本の商人の立場から多角的に考える。	○勘合の使用という国際的な取り決めの意義について，ロールプレイで実感をさせる。 ■思イ
4	【琉球王国とアイヌ民族】琉球王国とアイヌ民族の国際的な役割について，考えたことを理解する。	琉球王国とアイヌ民族が東アジアで果たした役割を理解しよう（→p.56） ・琉球王国の成立について調べる。 ・琉球王国が東アジアの物流において果たした役割について考える。 ・蝦夷地におけるアイヌ民族と和人の交易について調べる。 ・志苔館の古銭の存在から，和人が大きな利益を得たことを理解する	○地図を活用しながら，東アジアの流通の中で日本列島の南方の琉球王国と北方の蝦夷地が大きな役割を果たしたことに気付かせる。 ■知イ
5	【単元のまとめ】室町時代における，武士による政治や武家社会の発展の様子について主体的に追究し，学習した内容を意欲的にまとめる。	室町時代には武家社会がどのように変化したかまとめよう ・鎌倉時代が「武士の時代」だとすれば，室町幕府は何の時代と表現できるか，考える。 ・単元を貫く学習課題に対する考えをまとめる。	○東アジアの交流が活発になる中で日本で武家社会が発展したことを理解させる。 ■態ア

第1時 武家と公家の関係の変化について考えよう

本時の目標

1 導入　南北朝時代から室町時代前半の主な出来事を調べる

　鎌倉幕府を倒した後醍醐天皇と同じ時期に，別の天皇が在位していたことを示して，生徒の関心を高める。その上で「**鎌倉幕府の滅亡から60年間の歴史について調べよう**」と発問して年表の語句を埋めさせる（ワークシートの❶）。

2 展開　幕府と朝廷の関係の変化について図を用いて説明する

　年表で調べた内容を確認し，南北朝の内乱の中で室町幕府が成立し，足利義満の代に南北朝が合一したことを理解させる。つづけて「**建武の新政から南北朝の合一までの間に，武家と公家の関係はどのように変化したか**」と問い，幕府と朝廷の関係を関係図で表現する活動に取り組ませる。まず，個人でワークシートの❷に関係図を書かせる。そして小グループになってホワイトボードやＡ３サイズの用紙，タブレット端末などに関係図をまとめ，交流する。

> **見方・考え方を働かせるポイント ▶▶▶**
> 　推移や変化に関わる視点から，武家（幕府）と公家（朝廷）について，その関係の変化に着目させる。具体的には，建武の新政，南北朝時代，北朝による南朝の合一という３つの段階における関係性の推移を図として視覚的に理解できるように表現させることで，見方・考え方を働かせる。

3 まとめ　単元を貫く学習課題を把握して予想を立てる

　本時の学習を振り返り，鎌倉幕府に比べて，室町幕府が政治の権限を集中させることができたと理解させる。室町時代に武家政治が新たに展開を見せることに注目させ，単元を貫く学習課題として「**室町時代は鎌倉時代からどのように発展した時代だと言えるか**」を提示し（ワークシートの空欄に記入させる），現時点での予想をノートや別紙に記入させる。

ワークシートの解答例

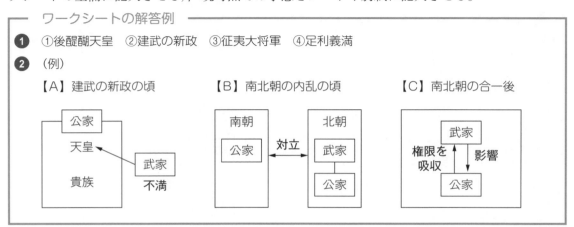

❶ ①後醍醐天皇　②建武の新政　③征夷大将軍　④足利義満

❷ （例）

【A】建武の新政の頃　　【B】南北朝の内乱の頃　　【C】南北朝の合一後

本時のワークシート

南北朝の内乱と室町幕府の成立

今日の目標 ▶ 武家と公家の関係の変化について考えよう

❶ 鎌倉幕府の滅亡から60年間の歴史について調べよう。

年	出来事
1333	鎌倉幕府がほろぶ
1334	（①　　　　　　　　）が（②　　　　　　　　）を始める…公家優先で武士を軽視【A】
1338	足利尊氏が（③　　　　　　　　）となる…室町幕府の始まり。（①）は吉野に逃れる（南朝）〜南北朝の内乱の始まり〜【B】
1392	（④　　　　　　　　）が南朝と北朝を合一する【C】

❷ 建武の新政から南北朝の合一までの間に、武家と公家の関係はどのように変化したか。

【A】建武の新政の頃	【B】南北朝の内乱の頃	【C】南北朝の合一後

――― 単元を貫く学習課題 ―――

第4章 「中世の日本」の授業展開＆ワークシート　55

第4時

本時の目標
琉球王国とアイヌ民族が東アジアで果たした役割を理解しよう

1 導入　地図で琉球王国と蝦夷地の位置を確認する

地理のアジア州の掛図と黒板用コンパスを用意する。琉球王国と蝦夷地の位置を地図上で確認した上で，コンパスを使って首里（那覇）や函館から半径1000kmの円を地図上に描く。首里から中国の福州が堺より近いことや，蝦夷地とサハリンや中国大陸の近さを実感させる。

2 展開　琉球王国と蝦夷地の役割について考える

琉球王国の成立について教科書などから調べる（ワークシートの❶）。そして「**琉球王国はなぜ中継貿易で栄えることができたのか**」と問い，琉球王国の位置に着目させながら考えさせる。

次に，蝦夷地におけるアイヌ民族と和人の交易について教科書などから調べる（ワークシートの❷）。その上で，函館の志苔館跡の写真と出土した古銭を提示して「**志苔館にいた和人は，大量の銅銭をどのようにして手に入れたのか**」と問い，交易の関係を図に表現させる。グループの話し合いでは立場や交易品のカードを用意して，発表用ホワイトボードに貼って考えさせる。

> **見方**・考え方を働かせるポイント ▶▶▶
> 地理的な見方・考え方も生かしつつ，貿易や交易の発展などの視点に着目させ，日本と琉球王国や蝦夷地の相互関係について東アジアという広い視野の中で多面的・多角的に考えさせる。

3 まとめ　東アジアの交流の活発さに気付かせる

「**鎌倉時代と比べて，東アジアの国同士の関係はどのように発展したか**」と問い，口頭（または別紙やノートの記述）で本時の内容や前時の日明貿易などを振り返って，室町時代には東アジアの各地が貿易や交易で密接に結び付いていたことを理解させる。

───ワークシートの解答例───

❶ (1)①尚巴志
　(2)（例）琉球王国は東アジアと東南アジアを結ぶ位置にあり，それぞれの特産物を取り扱いやすいから。

❷ (1)②アイヌ民族
　(2)（例）右図

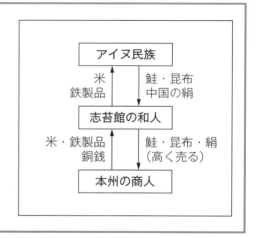

本時のワークシート

単元を貫く学習課題 室町時代は鎌倉時代からどのように発展した時代だと言えるか

東アジア世界の交流

今日の目標 ▶ 琉球王国とアイヌ民族が東アジアで果たした役割を理解しよう

1 日本列島の南の中世

(1) 琉球王国…15世紀の初めに（①　　　　　　　）が統一。

(2) 琉球王国はなぜ中継貿易で栄えることができたのか。琉球王国の位置に注目して説明しなさい。

2 日本列島の北の中世

(1) 蝦夷地…先住民族の（②　　　　　　　　　）が漁や交易を行う。14世紀には本州から和人が進出。東北の十三湊(とさみなと)が海上交通の中心地になる。

(2) 函館の志苔館(しのりだて)の付近から，越前（福井県）の甕(かめ)などの他に38万枚以上の中国の銅銭が見つかっている。志苔館にいた和人は，大量の銅銭をどのようにして手に入れたのか。右の枠内に交易の関係を図で表そう。

【参考資料】室町時代に京都で書かれた『庭訓往来』に，全国の特産物として「夷鮭(えぞさけ)」「宇賀昆布(うがこんぶ)」が挙げられている。

※「宇賀」は函館のこと

中世の日本

8 民衆の成長と新たな文化の形成

▶単元構想

単元の目標

○中世における農業などの諸産業の発達や畿内を中心とした都市や農村における自治的な仕組みの成立，武士や民衆などの多様な文化の形成，応仁の乱後の社会的な変動などを基に，民衆の成長を背景とした社会や文化が生まれたことを理解する。
○農業や商工業の発達などに着目して，民衆の成長が社会に与えた影響や禅宗の文化的な影響などについて，事象を相互に関連付けながら考察し，その結果を表現する。
○産業の発達や自治的な仕組みの成立などについて主体的に追究するとともに，社会や文化の発展に対する関心を高め，現在に伝わる文化遺産を尊重しようとすることについての自覚を深める。

単元を貫く学習課題

産業の発展は戦国時代になったこととどのような関係があるのか

各時間の目標

1	室町時代の自治的な仕組みについて関心を高めよう
2	民衆が一揆を行うようになった影響について理解しよう
3	戦国大名の特色について法から考えよう
4	「融合」をキーワードにして室町文化について理解しよう
5	産業の発展が社会に与えた影響について図でまとめよう

評価規準

知識・技能	思考・判断・表現	主体的に学習に取り組む態度
ア　民衆が一揆を行うようになったことや下剋上の風潮が広まったことの背景について理解している。 イ　民衆の成長と文化の形成の関係について理解している。	ア　戦国大名の特色について，守護大名と比較しつつ，法の視点から考えている。 イ　産業の発展が社会に与えた影響について，考えた内容を関係図で表している。	ア　農業や手工業の発達，商品流通の活発化によって社会が変化したことを意欲的に追究し，自治的な仕組みが成立したことに関心を高めている。

▶単元の指導計画

時	ねらい	学習活動	○教師の指導 ■評価

産業の発展は戦国時代になったこととどのような関係があるのか

時	ねらい	学習活動	○教師の指導 ■評価
1	【産業の発達と自治】農業や手工業の発達,商品流通の活発化によって社会が変化したことを意欲的に追究し,自治的な仕組みが成立したことに関心を高める。	室町時代の自治的な仕組みについて関心を高めよう ・ジグソー学習を行い,農業,手工業,商業の発展について課題別グループに分かれて資料から調べる。 ・ジグソーグループで産業の発展と自治の広まりの関連性について考える。 ・単元を貫く学習課題への予想を立てる。	○産業の発達を調べる際に必要な絵画や文字資料を用意しながら,鎌倉時代との連続性や発展性に着目させる。 ■態ア
2	【一揆と下剋上】民衆が一揆を行うようになったことや下剋上の風潮が広まったことの原因について理解する。	民衆が一揆を行うようになった影響について理解しよう ・正長の土一揆と山城の国一揆,加賀の一向一揆の年代,発生場所,結果,目的について調べる。 ・応仁の乱と一揆の関連性について考える。 ・下剋上の風潮が広がる理由を考える。	○下剋上の広がりについて考える際に,前時の産業の発達や自治との関連性に着目させる。 ■知ア
3	【戦国大名と分国法】戦国大名の特色について,守護大名と比較しつつ,法の視点から考える。	戦国大名の特色について法から考えよう（→p.60） ・戦国大名の領国支配について調べる。 ・甲州法度之次第の条文から,戦国大名が実力で領国を支配するための工夫について考えさせる。 ・守護大名と比較しながら,戦国大名の特色についてまとめる。	○戦国大名が独自の法の立法権をもったことの意義について関心を高めさせる。 ■思ア
4	【室町時代の文化】民衆の成長と文化の形成の関係について理解する。	「融合」をキーワードにして室町文化について理解しよう（→p.62） ・室町文化について,どのような要素が融合した文化なのかという視点から文化の特色を考えさせる。 ・現代につながる文化が生まれた背景について考える。	○小学校での既習事項を生かし,クイズ形式で考えさせることで関心を高めさせる。 ■知イ
5	【単元のまとめ】産業の発展が社会に与えた影響について,考えた内容を関係図で表す。	産業の発展が社会に与えた影響について図でまとめよう ・単元の学習内容を基に「二毛作」「惣」「座」「一揆」「戦国大名」「禅宗」「浄土真宗」などをキーワードにして,産業の発展と社会の変化の因果関係を図に表現する。 ・単元を貫く学習課題への考えをまとめる。	○図でまとめる際に,ウェビングマップやマインドマップの形式を紹介する。 ■思イ

第3時 戦国大名の特色について法から考えよう

本時の目標

1 導入　ブレーンストーミングで関心を高める

「"戦国大名"と聞いて連想することをできるだけたくさん書こう」と発問して，ブレーンストーミングを行う（ワークシートの❶）。実際に出た意見を発表させ，戦国大名のイメージを確認する。

2 展開　戦国大名の領国支配の特色について分国法から考える

戦国大名の領地を領国と呼ぶことを確認した上で**「戦国大名はどのように領国を支配したか」**と問い，城下町の形成や分国法の制定をしたことを理解させる（ワークシートの❷）。さらに**「戦国大名はどのようなねらいで分国法を定めたのか」**と問い，武田信玄の甲州法度之次第を例に分国法の意義について考えさせる。具体的には，条文の中から「【A】けんかをした者は理由にかかわらず処罰する。」「【B】主君から御恩として与えられた領地は理由もなく売ることを禁止する。」「【C】許可を得ないで，他国へ贈り物や手紙を送ることは禁止する。」という3つを紹介して，それぞれの条文のねらいをグループごとに1つずつ割り当てて考えさせ，全体で意見を交流する。

> **見方・考え方を働かせるポイント ▸▸▸**
> 時代の転換という諸事象の推移や変化に関わる視点から，戦国大名の支配の特色について，分国法の内容を根拠に考えることで歴史的な見方・考え方を働かせる。

3 まとめ　守護大名と比べながら戦国大名の特色についてまとめる

学習内容を基に，戦国大名の特色についてまとめる（ワークシートの❹）。その際に守護大名との比較を促すことで，戦国大名は領国に対して軍事・警察権や徴税権に加えて立法権を有したことを理解させる。導入で出された戦国大名の印象とつながる場合は，積極的に取り上げる。

ワークシートの解答例

❶ 略
❷ ①城下町　②分国法
❸ 【A】（例）私闘の禁止は，勝手に武力を使ってトラブルを解決することを禁止するため。
　　【B】（例）恩賞の領地を売ることの禁止は，御成敗式目と同じく恩賞は特に重要で，勝手に売ると権威が失われるかもしれないため。
　　【C】（例）他国への贈り物や手紙の禁止は，裏切りや下剋上を防ぐため。
❹ （例）一国全体を支配する力が必要。軍事力だけでなく，違反者を罰する権限も必要。
　　　　戦国大名には法律をつくる力もあった。

本時のワークシート

単元を貫く学習課題 ▶ 産業の発展は戦国時代になったこととどのような関係があるのか

戦国大名と分国法

今日の目標 ▶ 戦国大名の特色について法から考えよう

❶ 「戦国大名」と聞いて連想することをできるだけたくさん書こう。

❷ 戦国大名はどのように領国を支配したか。
  ・実力で一国から数か国を統一して支配
  ・（①　　　　）の形成…家臣や商工業者を集める。（例）一乗谷（朝倉氏）
  ・（②　　　　）の制定…独自の法律。（例）「甲州法度之次第」（武田氏）

❸ 「甲州法度之次第」の3つの条文をつくったねらいを考えよう。

【A】
【B】
【C】

❹ 戦国大名は守護大名と比べてどのような力をもっているか。

第4章 「中世の日本」の授業展開＆ワークシート

第4時 本時の目標
「融合」をキーワードにして室町文化について理解しよう

1 導入　金閣に関するクイズで関心を高める

　金閣を写真で提示して，使われている金箔の量（過去の張り替えでは約20kg），金箔の薄さ（約１万分の１mm。２ｇの金を畳一枚分まで延ばす）などのクイズを出す。つづけて金閣が何階建てか尋ね，２階３層構造であることを伝える。さらに，金箔の貼られていない１層は寝殿造で，２層は和風，３層は禅宗の建築様式であることを示す。

2 展開　文化の融合について具体的に考える

　金閣を含めた室町文化について調べる（ワークシートの❶）。その上で「**金閣はどのような文化が融合しているか。元々の文化の担い手や文化が生まれた地域に着目して考えよう**」と発問して，具体的にどのように文化がとけ合っているのか考えさせる（ワークシートの❷）。
　さらに，ワークシートの❶で調べた文化から金閣以外の１つを選び，文化がどのように融合しているのか説明させる（ワークシートの❸）。生徒が関心をもっている文化を選択させて考えさせることで，主体的な学びに結び付く。小グループにして個々の考えを交流し，文化が融合するという抽象的な概念を，具体的に理解させる。

　　見方・考え方を働かせるポイント ▶▶▶
　　　融合というキーワードを設定して生徒に意識させ，室町文化の背景に着目させることで，事象相互の関連に関わる視点から文化の特色について多面的・多角的に考えさせる。

3 まとめ　室町文化の特色についてまとめる

　学習内容を振り返り，公家と武家，禅宗と武家，民衆と武家などの文化が融合して室町時代の文化が成立したことを理解させる。また，身分や立場の異なる人々の文化が融合することで，現代につながるような普遍的な価値を有した文化が生まれたことを伝えて，生徒に気付かせる。

ワークシートの解答例

❶ (1)①金閣　②世阿弥　③狂言　(2)④銀閣　⑤書院造　⑥雪舟　(3)⑦お伽草子

❷ （例）金閣の１層は公家風の寝殿造だが，２層は日本の禅宗風で，３層は中国の禅宗風であり，公家や武家，禅宗の文化が融合している。

❸ （連歌を選んだ場合の例）和歌は公家の文化だが，地方の寄合に広まるなど民衆の文化と融合している。
　　（能を選んだ場合の例）能は足利義満の保護を受けるなど武家に広がるが，平安時代から民衆に広まっていた田楽や猿楽などの芸能の影響を受けている点で，文化がとけ合っている。

本時のワークシート

単元を貫く学習課題 ▶ 産業の発展は戦国時代になったこととどのような関係があるのか

室町時代の文化

今日の目標 ▶ 「融合」をキーワードにして室町文化について理解しよう

❶ 室町時代にはどのような文化が生まれたのか。
　(1) 足利義満の頃（北山文化）
　　・足利義満が（①　　　　　）を建てる。
　　・能…観阿弥と（②　　　　　）が大成する。合間に（③　　　　）。
　　・連歌…和歌の上の句と下の句をつなぐ。
　(2) 足利義政の頃（東山文化）
　　・足利義政が（④　　　　　）を立てる…禅宗の影響。
　　・武士の住居の様式としての（⑤　　　　　）…畳や床の間。
　　・水墨画…禅僧の（⑥　　　　　）が活躍。
　(3) 民衆に広まる文化
　　・（⑦　　　　　　　　）…おとぎ話に絵を加える。
　　・節分や七夕，盆踊りなど。

❷ 金閣はどのような文化が融合しているか。建築の工夫に例に，元々の文化の担い手や文化が生まれた地域に着目して考えよう。

❸ 上の❶の中から1つを選び，どのような面で融合しているか考えよう。
　選んだもの（　　　　　　　　）

Column 4 「近世の日本」における アクティブ・ラーニングのポイント

❶ 近世と中世の差に留意

　近世の日本は，中世と同じ武家政権が継続するため，生徒にとっては違いがわかりづらい時代です。したがって，中世との連続性を意識しながら，中世からの変化に着目させる形で見方・考え方を働かせることが大切です。近世の特色として，1つ目に政治では中世に比べて強力な統一政権が誕生します。江戸幕府が典型例です。2つ目に，経済の面では産業や交通の発達の中で貨幣経済が徐々に浸透して社会が変化し，町人が文化の中心的な担い手になります。そして，社会の変動した影響で，安定していた江戸幕府の政治は動揺を見せます。3つ目に，世界との結び付きについては，時期によって変化しますが，アジアだけではなく欧米諸国との関係が国内の政治や社会に影響を及ぼすようになります。以上のような点が，中世と比べた際の近世の特色です。

　もう1つ留意したいのは，土地に関する制度の違いです。太閤検地によって重層的な土地の権利の関係は消滅し，江戸時代には土地を所持する本百姓が年貢の納入の義務を負うというシンプルな形になります。江戸幕府と諸藩が百姓からの年貢を財政基盤とするからこそ，社会の変動によって農村での格差が広がると幕府と諸藩の政治が行き詰まっていくことを理解させるようにしましょう。

❷ イメージを逆に利用して近世を大観

　前項で述べたような特色を生徒に理解させるために，生徒の先入観を利用する方法が有効です。例えば，江戸幕府の対外関係については，いわゆる鎖国という表現の影響のせいか，閉鎖的な印象を生徒はもっています。そこで，まず授業の導入で「鎖国にはどのようなイメージがあるか」と尋ねます。その上でオランダや中国との交易，朝鮮との交流，薩摩藩を通した琉球王国とのつながり，松前藩を通したアイヌ民族とのつながりや山丹交易を含めた北方との交易について調べると，限定されながらもアジアの各地やヨーロッパの国と多様な交易や交流が見られたことに生徒は気付きます。鎖国が海外との接触を全面的に禁止するものではなく，幕府が外国との貿易や情報を制限する政策を行っていたことや，対外的な交流を行っていた藩の存在を理解できます。鎖国のイメージを転換させながら，時代の特色を捉えることができます。

　他にも，本書で紹介していますが，織田信長のイメージを導入で聞き，実際の業績について調べた上で再度イメージを尋ねるという方法も考えられます。生徒の既知の内容を逆手にとって，関心を高めながら歴史を大観させる工夫を図りましょう。

第5章

「近世の日本」の授業展開&ワークシート

世界の動きと統一事業　66

江戸幕府の成立と対外関係　72

産業の発達と町人文化　76

幕府の政治の展開　80

近世の日本

9 世界の動きと統一事業

▶単元構想

単元の目標
- ○ヨーロッパ人の来航と影響，織田・豊臣の統一事業と対外関係，武将や豪商などの生活文化の展開などを基に，近世社会の基礎がつくられたことを理解する。
- ○交易の広がりとその影響や織田・豊臣による諸政策の目的などに着目して，近世社会の基礎がつくられたことについて，事象を相互に関連付けながら考察して表現する。
- ○近世社会の基礎がつくられた過程や結果について主体的に追究するとともに，国家や社会，文化の発展に尽くした歴史上の人物に対する関心を高める。

単元を貫く学習課題
同じく武士が政治をする世の中でも，中世と近世は何がちがうのか

各時間の目標

1	宗教に注目してアジアやヨーロッパの変化を理解しよう
2	改革による人々の意識の変化について関心を高めよう
3	貿易と布教を通した世界の結び付きについて地図に表現しよう
4	ザビエルが日本に来た理由を世界の動きと関連付けて理解しよう
5	織田信長はどのような人物だったのか判断しよう
6	天下統一による世の中の変化について考えよう
7	戦国時代の文化について4つの側面から理解しよう
8	中世と近世のちがいについてまとめよう

評価規準

知識・技能	思考・判断・表現	主体的に学習に取り組む態度
ア 中世における宗教の広まりを理解している。 イ ヨーロッパ人来航の背景と影響を理解している。 ウ 戦国時代の文化の特色を多面的・多角的に理解している。	ア 新航路の開拓とアジアの交易や宗教改革との関連性について考えている。 イ 織田信長の政策の意義について判断している。 ウ 天下統一による社会の変化について考えている。	ア 価値観の変化が社会に与えた影響について関心を高めている。 イ 近世社会の基礎がどのような要因から成立したのかについて主体的に追究している。

▶単元の指導計画

時	ねらい	学習活動	○教師の指導　■評価

同じく武士が政治をする世の中でも，中世と近世は何がちがうのか

時	ねらい	学習活動	○教師の指導　■評価
1	【中世ヨーロッパとイスラム世界】 中世における宗教の広まりを理解する。	宗教に注目してアジアやヨーロッパの変化を理解しよう ・中世のヨーロッパでローマ帝国やイスラム世界が勢力を広めたことを地図から読み取る。 ・単元を貫く学習課題への予想を立てる。	○現在の世界宗教につながることに着目させる。 ■知ア
2	【ルネサンスと宗教改革】 価値観の変化が社会に与えた影響について関心を高める。	改革による人々の意識の変化について関心を高めよう ・ルネサンスの影響について調べる。 ・絵画資料や地図を活用し，宗教改革によるキリスト教の変化について考える。	○宗教改革とアジア進出の関連に着目させる。 ■態ア
3	【大航海時代】 新航路の開拓と宗教改革との関連性について考える。	貿易と布教を通した世界の結び付きについて地図に表現しよう ・新航路の開拓について地図から読み取る。 ・布教や貿易，植民地化の進出のルートや広がりについて調べ，地図に表現する。	○ムスリム商人の中継貿易を取り上げる。 ■思ア
4	【鉄砲とキリスト教の伝来】 ヨーロッパ人来航の背景と影響について理解する。	ザビエルが日本に来た理由を世界の動きと関連付けて理解しよう ・日本に鉄砲とキリスト教が伝来したことで，政治や社会，戦いの方法などがどのように変化したかについて考える。	○前時の新航路の学習内容と関連付ける。 ■知イ
5	【織田信長の政治】 織田信長の政策の意義について考えて判断する。	織田信長はどのような人物だったのか判断しよう（→ p.68） ・織田信長の政治をクラゲチャートにまとめ，どのような人物と評価すべきか判断する。	○東南アジアとの積極的な貿易を取り上げる。 ■思イ
6	【豊臣秀吉の政治】 天下統一による社会の変化について考える。	天下統一による世の中の変化について考えよう ・豊臣秀吉の政治について調べる。 ・豊臣秀吉の政治の中から，天下統一をしなければできないことを選び出す。	○朝鮮への出兵の影響について取り上げる。 ■思ウ
7	【南蛮文化と桃山文化】 戦国時代の文化の特色を理解する。	戦国時代の文化について4つの側面から理解しよう（→ p.70） ・南蛮文化と桃山文化の内容を，関連する要素ごとに分類する。	○Xチャートを用いる。 ■知ウ
8	【単元のまとめ】 近世社会が成立する過程について主体的に追究する。	中世と近世のちがいについてまとめよう ・学習した内容を基に，中世と近世の違いについてベン図を用いて考える。 ・単元を貫く学習課題への考えをまとめる。	○ベン図の中世の部分には事前に内容を示す。 ■態イ

第5時 織田信長はどのような人物だったのか判断しよう

本時の目標

1 導入　織田信長のイメージを共有する

　小学校で織田信長についてどのような内容を学習したか尋ねる。「ホトトギス」の川柳などの発言から、物騒なイメージをもつ生徒がいることが予想される。その一方で、楽市楽座などの先進的な施策を行ったという意見も出る可能性がある。それらの意見を生かして本時では織田信長の政策について考えることを伝え、展開へ移る。

2 展開　クラゲチャートで織田信長の政治について考える

　「**織田信長はどのような人物だったのか、わかっている行動や政策から判断しよう**」と発問し、ワークシートのクラゲチャートに取り組む（ワークシートの❶）。織田信長が他の戦国大名、室町幕府、商人、仏教勢力、キリスト教の5つの勢力に対してどのような政策を行ったかについて、調べたことをクラゲチャートの足の部分にまとめさせる。また、クラゲチャートに書ききれない内容については、ノートなどに書かせるようにする。調べた内容を全体で交流して、織田信長の政治や戦いに関する理解を確かなものにする。

> **見方・考え方を働かせるポイント ▶▶▶**
> 　織田信長の政策などから人物像について考える活動を通して、織田信長の諸政策の共通性という事象相互の関連に関わる視点に着目させ、安土桃山時代の特色について考えることで見方・考え方を働かせる。

3 まとめ　織田信長の人物像について学習内容を基に表現する

　ワークシートの❶の政策の特徴を基にして、織田信長がどのような人物と表現できるか考えて、クラゲチャートの頭の部分に記入させる（ワークシートの❷）。考えた内容を小グループや全体で交流して、織田信長の政策には共通する方向性があることに気付かせる。

ワークシートの解答例

❶　①（例）鉄砲を活用した戦法で武田氏などを破る。中部地方から近畿地方をほぼ統一。
　　②（例）足利義昭を追放して室町幕府を滅ぼす。
　　③（例）楽市・楽座や関所の廃止。豪商へ資金を要求。
　　④（例）一向一揆や石山本願寺と戦う。
　　⑤（例）仏教への対抗や貿易のため、キリスト教を保護する。

❷　（例）鉄砲やキリスト教を利用し、商業を発展させようとするなど、新しいことに挑戦した人物。
　　　　　敵対する勢力や以前から力をもつ勢力と対決し、古い仕組みを変えようとした人物。

本時のワークシート

単元を貫く学習課題 同じく武士が政治をする世の中でも，中世と近世は何がちがうのか

織田信長の政治

今日の目標 ▶ 織田信長はどのような人物だったのか判断しよう

❶ 織田信長が下の①〜⑤の勢力に対してどのような政治をしたかまとめよう。

❷ ❶の内容から織田信長がどのような人物か考えてクラゲチャートの頭の部分に記入しよう。

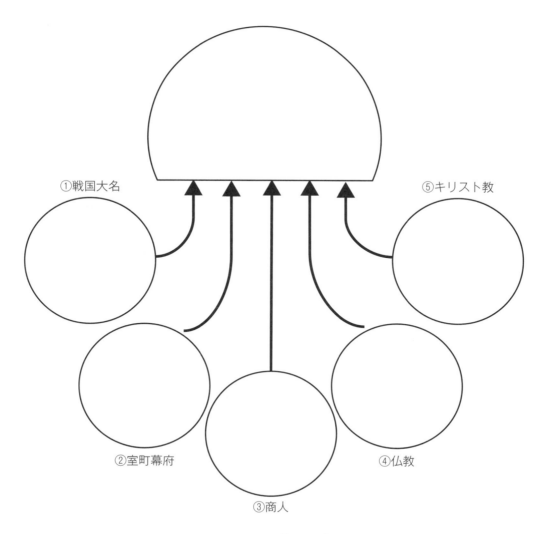

①戦国大名　⑤キリスト教　②室町幕府　④仏教　③商人

第7時 本時の目標
戦国時代の文化について4つの側面から理解しよう

1 導入　南蛮文化や桃山文化に関するクイズで関心を高める

「織田信長が宣教師からもらったとされるお菓子は？」（答えはコンペイトウ）などのクイズを出し，口頭で答えさせる。場合によっては，何人かの生徒に代表させ，目隠しをして実際にコンペイトウを口に入れて何か当てさせるなど，ゲームの要素を取り入れる方法もある。

2 展開　Xチャートを活用して南蛮文化と桃山文化について調べる

「織田信長や豊臣秀吉の時代にはどのような文化が生まれたのだろうか。調べた内容を4つの面に分類しよう」と発問して，南蛮文化と桃山文化に関する語句を「戦国大名」「豪商」「海外」「民衆」の4つに分類させる（ワークシートの❶）。ワークシートはXチャートを用いる。なお，茶の湯など戦国大名と豪商のどちらにも共通する語句は，Xチャートの境目に書き入れても良いことを伝える。また，語句だけではなく特色も記入するように促すことで，戦国時代の文化を構造的に理解できる。その後，小グループで分類の内容と理由を交流する。

> **見方・考え方を働かせるポイント ▶▶▶**
> 事象相互の関連に関わる視点に着目させ，戦国時代の文化の特色について多面的・多角的に考えさせることで，見方・考え方を働かせる。とくに，多面的に考えさせるために，Xチャートを用いて分類に関する思考を可視化できるように工夫する。

3 まとめ　安土桃山時代の文化の特色についてまとめる

「戦乱の世に生まれた文化は，どのような特色があるか。Xチャートを参考にまとめよう」と発問し，まとめを行う（ワークシートの❷）。それによって海外との結び付きが深まる影響を受けながら，大名や豪商，民衆と関わりの深い文化が芽生えたことを理解させる。

ワークシートの解答例

❶ ①（例）天守閣をもつ大きな城（安土城・姫路城）。城内の装飾（屏風絵・襖絵）。
　　　　　狩野永徳『唐獅子図屏風』。茶の湯を楽しむ茶会。大きく力強い作品。

　②（例）千利休の侘茶。生け花。造園。深い味わいを求める。

　【補足】①と②は分類しきれない面もある。

　③（例）ヨーロッパからの学問，技術，製品。朝鮮の焼き物。中国のそろばんや三絃（三味線へ）。

　④（例）出雲の阿国のかぶき踊り。浄瑠璃が人気になる。木綿が普段着の素材になる。

❷（例）ヨーロッパや東アジアからの影響を受けつつ，戦国時代に活躍した戦国大名や豪商の気風が文化にも表れ，豪華で力強く，新しい文化としての特色がある。

本時のワークシート

単元を貫く学習課題 ▶ 同じく武士が政治をする世の中でも，中世と近世は何がちがうのか

南蛮文化と桃山文化

今日の目標 ▶ 戦国時代の文化について4つの側面から理解しよう

❶ 織田信長や豊臣秀吉の時代にはどのような文化が生まれたのだろうか。調べた内容を4つの面に分類しよう。

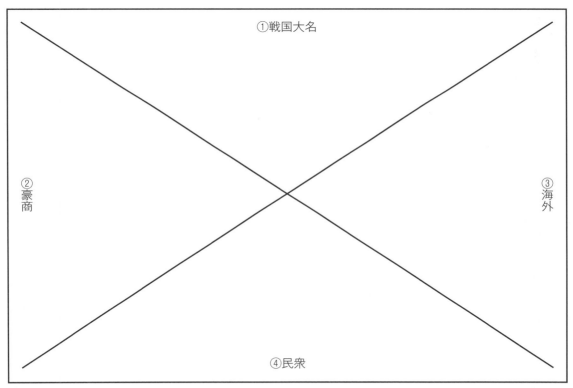

①戦国大名
②豪商
③海外
④民衆

❷ 戦乱の世に生まれた文化は，どのような特徴があるか。Xチャートを参考にまとめよう。

近世の日本

10 江戸幕府の成立と対外関係

▶単元構想

単元の目標

○江戸幕府の成立と大名統制，身分制と農村の様子，鎖国などの幕府の対外政策と中国や朝鮮，琉球，アイヌとの対外関係を基に，幕府と藩による支配が確立したことを理解する。

○琉球や北方のアイヌを含めた東アジアにおける交易や江戸幕府による諸政策の目的などに着目して，幕府と藩による支配が確立したことについて，事象を相互に関連付けながら多面的・多角的に考察して表現する。

○江戸幕府と藩による支配が確立する過程や結果について，幕府が安定的な国家や社会を目指して政策を行ったことを主体的に追究しようとする態度を養うとともに，国家や社会に尽くした歴史上の人物に対する関心を高め，国際協調の精神を養う。

── 単元を貫く学習課題 ──
江戸幕府が安定して長く続いたのは偶然なのか

各時間の目標

1 大名に対してどのような政治をしたのか資料から読み取ろう
2 鎖国のねらいについて考えよう
3 鎖国下の日本での海外との交流を地図で表そう
4 江戸幕府の農民統制の仕組みを理解しよう
5 江戸幕府が安定して長く続いた理由をまとめよう

評価規準

知識・技能	思考・判断・表現	主体的に学習に取り組む態度
ア 地図や文字資料を根拠に，江戸幕府の大名統制のねらいと方法について理解している。 イ 江戸幕府の身分制度の中での暮らしについて資料から理解している。	ア 江戸幕府が対外政策を転換した理由について考えている。 イ 鎖国下での日本と世界の結び付きの状況を地図に表現している。	ア 安定した社会が長く続く要因として，江戸幕府の政策がどのような影響を与えたかを主体的に追究している。

▶単元の指導計画

時	ねらい	学習活動	○教師の指導 ■評価
		江戸幕府が安定して長く続いたのは偶然なのか	
1	【江戸幕府の成立】地図や文字資料を根拠に，江戸幕府の大名統制のねらいと方法について理解する。	大名に対してどのような政治をしたのか資料から読み取ろう（→ p.74） ・単元を貫く学習課題への予想を立てる。 ・江戸幕府の成立の流れを確認する。 ・大名の登用や配置，武家諸法度の規定から大名統制について考える。	○ジグソー学習を取り入れ，大名統制の工夫について多面的に理解させる。 ■知ア
2	【禁教と鎖国】江戸幕府が対外政策を転換した理由について考える。	鎖国のねらいについて考えよう ・朱印船貿易の内容や航路について調べる。 ・禁教と鎖国の経緯について，調べたものを年表の形式でまとめる。 ・江戸幕府が鎖国を行った理由について，禁教と貿易，海外の情報の3つの視点から考える。	○安定を求めるという江戸幕府の政策の方針が対外関係においてどのような影響を与えたのか着目させる。 ■思ア
3	【江戸時代の国際関係】鎖国下での日本と世界の結び付きの状況を地図に表現する。	鎖国下の日本での海外との交流を地図で表そう ・江戸時代の4つの口（長崎口・対馬口・薩摩口・松前口）で，どのような貿易・交易や交流が行われたかを調べる。 ・調べた内容を，東アジアの地図に記入して，鎖国下の対外関係においても日本と世界との結び付きがあったことを理解する。	○室町時代や朱印船貿易の時期との共通点や相違点に着目させる。 ■思イ
4	【江戸時代の身分制度】江戸幕府の身分制度の中での暮らしについて資料から理解する。	江戸幕府の農民統制の仕組みを理解しよう ・絵画資料から武士・百姓・職人・商人を見つけ出し，それぞれの身分と判断できた理由を交流する。 ・村と町の暮らしについて絵画などの資料から特色を読み取り，表にまとめる。	○身分制度や身分による差別が幕府や藩の支配に都合よく利用された側面に気付かせる。 ■知イ
5	【単元のまとめ】安定した社会が長く続く要因として，江戸幕府の政策がどのような影響を与えたかを主体的に追究する。	江戸幕府が安定して長く続いた理由をまとめよう ・江戸幕府の大名統制，対外関係，身分制度のねらいをフィッシュボーン図の骨の部分にまとめ，それらの政策の結果を図の頭の部分に書く。 ・単元を貫く学習課題への考えをまとめる。	○江戸幕府の諸政策が崩れると社会の安定も崩れることに気付かせ，次の単元へつなげる。 ■態ア

第1時 本時の目標
大名に対してどのような政治をしたのか資料から読み取ろう

1 導入　江戸幕府が長く続いたことに関心を高める

「鎌倉幕府141」「室町幕府237」「江戸幕府264」という数字を提示し，何を表しているか尋ねる。それぞれの幕府が正式に続いた年数であることを確認した上で，室町幕府は前半が南北朝の内乱で後半が戦国の争乱だったことを復習する。江戸幕府が安定して長く続いたことに気付かせた上で「**江戸幕府が安定して長く続いたのは偶然なのか**」と問い，単元を貫く学習課題に対する予想を別紙やノートなどに記入させる。

2 展開　ジグソーグループで江戸幕府の大名への政策のねらいについて考える

江戸幕府が開かれるまでの流れについて年表を使って確認する。併せて，大名の区分や江戸幕府の主な役職，武家諸法度，参勤交代などの内容について確認する。その上で「**江戸幕府は関ヶ原の戦いまで敵や同格だった大名にどのような対応をしたのか**」と発問する。ジグソー学習を取り入れ，3～4人のグループでワークシートの❶～❸のいずれかの課題を1つずつ指定して取り組ませる。その後，ジグソーグループ（❶～❸の課題に取り組んだ生徒がそろうようなグループ）を編成し直して，❶～❸で考えた内容を交流する。

> **見方・考え方を働かせるポイント ▸▸▸**
> 江戸幕府が行った，大名に対する様々な政策の関連という視点に着目させ，大名統制の意図や成果について考えることで見方・考え方を働かせる。

3 まとめ　江戸幕府の大名統制の意図をまとめる

ジグソーグループに対して「**大名への対応に共通する江戸幕府のねらいは何か**」と問い，グループで考えさせる（ワークシートの❹）。グループの意見を全体で交流して，江戸幕府が多面的に大名統制を行い，全国を安定的に支配する仕組みを整えたことを理解する。

ワークシートの解答例

❶ （例）外様大名は関ヶ原の戦い以後に新たに従ったため，要職につかせるほどは信用できないから。外様大名に幕府の中で権力を握らせないため。

❷ （例）大名が領地で力を付けないようにするため。外様大名は反乱に備えて江戸から遠ざけ，江戸の周りは譜代大名で固め，各地の要所に幕府領や譜代大名の領地を配置した。遠方の大名は参勤交代で費用がかさむ影響もあった。

❸ （例）大名が力を付けたり，幕府のわからないところで関係を深めたりしないようにするため。

❹ （例）大名の力をうばい，新たな力を付けさせないことで反乱ができないようにし，徳川家による支配が続くようにするねらいがあった。

本時のワークシート

単元を貫く学習課題 江戸幕府が安定して長く続いたのは偶然なのか

江戸幕府の成立

今日の目標 ▶ 大名に対してどのような政治をしたのか資料から読み取ろう

❶ 幕府の重要な職が譜代大名ばかりで，外様大名に重要な役職をさせなかった。それはなぜか。

❷ 幕府は，江戸の周りに譜代大名を多くして外様大名を江戸から離した。それはなぜか。

❸ 武家諸法度で新しい城の建築や許可のない結婚，大きな船の建造などが禁止されているのはなぜか。

❹ 左の❶～❸に共通する江戸幕府のねらいはなにか。

近世の日本

11 産業の発達と町人文化

▶単元構想

単元の目標

○産業や交通の発達，教育の普及などを基に，町人文化が都市を中心に形成されたことや，各地方の生活文化が生まれたことを理解する。

○農林水産業や手工業，商業の発達や，河川・海上交通及び街道の発達などに着目して，身近な地域の特徴を生かしながら，町人文化が都市を中心に形成されたことや，各地方の生活文化が生まれたことについて，事象を相互に関連付けながら多面的・多角的に考察して表現する。

○町人文化や地方の生活文化が生まれた過程や結果について，産業の発達と文化の形成の関連性について主体的に追究しようとする態度を養うとともに，現在に伝わる文化や身近な地域の歴史を尊重しようとする態度を養う。

単元を貫く学習課題
江戸時代中期の暮らしは以前と比べて良くなったのか

各時間の目標

1	産業の発達について前の時代と比べよう
2	上方の町人中心の文化と産業の関係を理解しよう
3	江戸時代の文化や教育から現在につながる点について考えよう
4	江戸時代の身近な地域の歴史について調べよう
5	産業の発達と生活の変化の関係についてまとめよう

評価規準

知識・技能	思考・判断・表現	主体的に学習に取り組む態度
ア　元禄文化の特色について，産業の発達と関連させながら理解している。 イ　学習内容を基に，産業の発達と都市の町人文化や地方の生活文化の関連性を理解している。	ア　産業や交通の発達の様子について，中世と比較しながら考えている。 イ　江戸時代の庶民の教育や生活文化の中から，現在につながる側面について考えている。	ア　江戸時代における地域の歴史や江戸時代に生まれた地域の文化について関心を高めている。

▶単元の指導計画

時	ねらい	学習活動	○教師の指導　■評価

江戸時代中期の暮らしは以前と比べて良くなったのか

時	ねらい	学習活動	○教師の指導　■評価
1	【江戸中期の経済発展】産業や交通の発達の様子について，中世と比較しながら考える。	産業の発達について前の時代と比べよう ・絵画資料を活用して，中世の市の様子と江戸時代の越後屋呉服店の様子を比較する。 ・農業や漁業の発達や流通について調べる。 ・単元を貫く学習課題に対する考えを記入する。	○絵画の比較ではフォトランゲージの手法を取り入れ，店の場所や売り方，服装などの視点を提示する。 ■思ア
2	【元禄文化】元禄文化の特色について，産業の発達と関連させながら理解する。	上方の町人中心の文化と産業の関係を理解しよう ・元禄文化を代表する人物や文化財について調べる。 ・江戸幕府が置かれた江戸ではなく，上方を中心に文化が生まれた理由について，産業の発展と関連付けながら考える。	○大阪や京都で文化が生まれたという，地理的な位置の視点に着目させる。 ■知ア
3	【教育の普及と文化の広がり】江戸時代の庶民の教育や生活文化の中から，現在につながる側面について考える。	江戸時代の文化や教育から現在につながる点について考えよう（→p.78） ・カレンダーを使って年中行事について調べた上で，習慣の変化が庶民に与える影響について考える。 ・寺子屋や藩校での教育の様子について調べる。	○生活が変化した要因として産業の発達の影響があることに着目させる。 ■思イ
4	【身近な地域の歴史】江戸時代における地域の歴史や江戸時代に生まれた地域の文化について関心を高める。	江戸時代の身近な地域の歴史について調べよう ・北海道の民謡であるソーラン節や，江戸時代におけるニシン漁や北前船について関心を高める。 ・江差町における江戸時代のニシン漁の様子について，地域に残る絵画や文献資料を活用して調べる。	○学校所在地周辺の身近な地域の事例を取り上げるようにする。 ■態ア
5	【単元のまとめ】学習内容を基に，産業の発達と都市の町人文化や地方の生活文化の関連性を理解する。	産業の発達と生活の変化の関係についてまとめよう ・学習内容を基に，産業の発達と生活の変化は，百姓や町人にとってプラスだったのかどうかを判断する。 ・単元を貫く学習課題への考えをまとめる。	○プラスかどうか判断させるのが難しい場合は，立場を決めてディベートを行う。 ■知イ

第3時 江戸時代の文化や教育から現在につながる点について考えよう

本時の目標

1 導入　年中行事を振り返って関心を高める

現在の年中行事の中から，江戸時代に見られるようになったことを選んで作成した表から，いつの時期にどのような行事があるのか確認する（ワークシートの❶）。ワークシートに掲載した年中行事はすべて江戸時代にすでに行われていたことを伝え，生徒の関心を高める。

2 展開　産業の発達と民衆の暮らしの変化の関連性について考える

「江戸時代に現在につながる生活文化が生まれたことと，産業の発達にはどのような関係があるのだろうか」と発問し，チャート図で考えさせる（ワークシートの❷）。個人思考の後に小グループでA3版の用紙やホワイトボードを用いて意見を交流する。産業の発達が全国で進んだことや，流通の発達により人々の交流が活発になったことで，同様の文化が広く見られるようになったことを理解できる。

> **見方・考え方を働かせるポイント ▶▶▶**
> 生活文化や教育の普及という歴史的事象の推移に関する視点に着目させ，産業の発達による時代の転換の様子について多面的・多角的に考察させることで見方・考え方を働かせる。

3 まとめ　教育の普及と現在とのつながりについて考える

「皆さんが学んでいる学校での教育は江戸時代と何か関連があるのだろうか」と問う。まず寺子屋と藩校の語句や内容を確認する。その上で，現在の学校教育と江戸時代の教育の関連性について考える（ワークシートの❸）。

ワークシートの解答例

❶　①元日　②桃　③端午　④七夕

❷　（例）

❸　(1)①寺子屋　②藩校
　　(2)（例）子どもに対して家以外の場所で教育をするようになった。
　　　　　現代の国語や算数，道徳のような内容を教えるようになった。

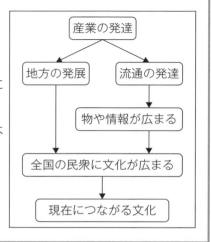

本時のワークシート

単元を貫く学習課題 江戸時代中期の暮らしは以前と比べて良くなったのか

教育の普及と文化の広がり

今日の目標 ▶ 江戸時代の文化や教育から現在につながる点について考えよう

1 年中行事を示した下の表を完成させよう。

月日	一月一日	一月七日	一月十三日	三月三日	三月	四月八日	五月五日	七月七日	九月九日	九月
行事の内容	①	人日	鏡開き	②（　）の節句	春の彼岸	花まつり	③（　）の節句	④（　）	重陽の節句	秋の彼岸
内容	新年を祝う	七草を食べる	お供えもちを食べる	女児の成長を祝う	祖先を供養	シャカの誕生を祝う	男児の成長を祝う	星をまつる	長寿を祝う	祖先を供養

2 江戸時代に現在につながる生活文化が生まれたことと，産業の発達にはどのような関係があるのだろうか。図で表そう。

```
┌─────────────────┐
│     産業の発達      │
└─────────────────┘




┌─────────────────┐
│  現在につながる文化  │
└─────────────────┘
```

3 江戸時代の教育

(1) 教育機関…町人や百姓は（①　　　　　　）で読み・書き・そろばん
　　　　　　武士は（②　　　　　）で儒学などを学ぶ

(2) 現在の学校教育と江戸時代の教育の普及には，何か関係性があるか。

近世の日本

12 幕府の政治の展開

▶単元構想

単元の目標

○社会の変動や欧米諸国の接近，幕府の政治改革，新しい学問・思想の動きなどを基に，幕府の政治が次第に行き詰まりをみせたことを理解する。

○社会の変化と幕府の政策の変化などに着目して，貨幣経済の浸透に伴う経済格差の発生や，その格差を背景とする百姓一揆の増加や，社会や経済の変化への対応としての幕政改革の展開などについて，事象を相互に関連付けながら近世の社会の変化の様子を多面的・多角的に考察して表現する。

○幕府の政治が次第に行き詰まりをみせた過程や結果について，産業の発達と文化の形成の関連性などを主体的に追究しようとする態度を養うとともに，国家及び社会の発展や人々の生活の向上に尽くした歴史上の人物などを尊重する態度を養う。

単元を貫く学習課題

なぜ江戸時代の後半に社会や政治が不安定な状態になったのか

各時間の目標

1 徳川綱吉の政治は，悪政か善政か判断しよう
2 江戸幕府の政治改革を比べてランキングをつけよう
3 江戸幕府の「内憂外患」を理解しよう
4 社会の変化と文化や学問の関連性について理解しよう
5 近世の社会がどのように変化したかまとめよう

評価規準

知識・技能	思考・判断・表現	主体的に学習に取り組む態度
ア 外国船の接近と幕府の対応や社会の変化による政治の行き詰まりを理解している。 イ 新しい学問・思想の動きや江戸を中心とした文化を理解している。	ア 徳川綱吉の政治について考え，成果と課題を評価して判断している。 イ 享保の改革と田沼の政治，寛政の改革を比較して改革の影響について考えている。	ア 幕府の政治が行き詰まる推移について，学習内容を基に意欲的に考え，近世社会の変化への関心を高めている。

▶単元の指導計画

時	ねらい	学習活動	○教師の指導 ■評価

なぜ江戸時代の後半に社会や政治が不安定な状態になったのか

時	ねらい	学習活動	○教師の指導 ■評価
1	**【農村の変化と百姓一揆】** 徳川綱吉の政治について考え、成果と課題を評価して判断する。	**徳川綱吉の政治は、悪政か善政か判断しよう** ・徳川綱吉と新井白石の政治について調べ、綱吉の政治のねらいや結果から悪政かどうかを判断する。 ・百姓の家計のグラフや百姓一揆・打ちこわしの件数の推移のグラフから、社会がどのように変化したか読み取る。 ・単元を貫く学習課題への予想を立てる。	○貨幣経済の広がりによる都市や農村の変化に着目させる。 ■思ア
2	**【幕政改革】** 享保の改革と田沼の政治、寛政の改革を比較して改革の影響について考える。	**江戸幕府の政治改革を比べてランキングをつけよう（→p.82）** ・享保の改革、田沼の政治、寛政の改革について、行った人物や内容を調べる。 ・江戸幕府が置かれた江戸ではなく、上方を中心に文化が生まれた理由について、産業の発展と関連付けながら考える。	○社会の変化による財政の悪化という背景に触れながら諸改革の評価ができるようにする。 ■思イ
3	**【外国船の接近と天保の改革】** 外国船の接近と幕府の対応や社会の変化による政治の行き詰まりを理解する。	**江戸幕府の「内憂外患」を理解しよう** ・外国船の接近や北方の調査について、白地図に場所と内容を書き入れる。 ・外国船打払令の影響について考える。 ・大塩平八郎の乱や天保の改革の結果について調べ、幕府の権威の低下について理解する。	○外国船の接近に対して北方の調査を行ったことを取り上げ、領土の画定への影響に気付かせる。 ■知ア
4	**【学問の広まりと化政文化】** 新しい学問・思想の動きや江戸を中心とした文化を理解する。	**社会の変化と文化や学問の関連性について理解しよう** ・新しい学問や思想、化政文化の内容について調べる。 ・社会や政治の動揺と文化の関連性についてウェビングマップで語句をつなげることで考える。	○新しい学問・思想の動きが明治維新に与える影響について着目させる。 ■知イ
5	**【単元のまとめ】** 幕府の政治が行き詰まる推移について、学習内容を基に意欲的に考え、近世社会の変化への関心を高める。	**近世の社会がどのように変化したかまとめよう** ・学習内容を基に、近世の年表を使って社会と政治がどの段階で最も大きく変化したか考えて判断する。 ・単元を貫く学習課題への考えをまとめる。	○江戸幕府の政治や社会の変化という、推移の視点に着目させる。 ■態ア

第2時 江戸幕府の政治改革を比べてランキングをつけよう

本時の目標

1 導入　幕府の財政難や社会の変化について確認する

前時の学習内容を振り返って「**貨幣経済が広がる中で，幕府や藩はどのようなことに困っていたか**」と問い，口頭で答えさせる。百姓一揆や打ちこわしの発生，幕府の財政悪化などの答えが予想される。さらに「**なぜ百姓一揆や打ちこわしが起きたのか**」と問い，年貢の引き上げや生活苦が原因だったことを確認する。

2 展開　江戸幕府の政治改革について調べてランク付けをする

「江戸幕府は社会の変化や年貢の不足に対してどのように対応したのか」と発問し，享保の改革，田沼の政治，寛政の改革の内容について調べる（ワークシートの❶）。つづけて「**3つの政治改革の内容や結果を基にランキングをつけよう**」と問い，政治改革の基本方針や内容，結果を基に順位付けをする（ワークシートの❷）。個人思考の後にはグループになり，どのような理由で順位を付けたか交流させる。ランク付けをすることで，それぞれの政治改革に関する語句を活用し，内容や結果を比較しながら，時代の特色を深く理解することができる。

> **見方・考え方を働かせるポイント ▶▶▶**
> 政治と社会の変化の視点や政治改革の相違の視点に着目させ，江戸時代後半の社会の課題について多面的・多角的に考察して，時代の転換の様子を理解できる。

3 まとめ　政治改革の結果についてまとめる

本時の学習内容を振り返って「**政治改革が続いた結果として，幕府や町人，百姓の状況は改善したのか**」と問い，ノートなどに記入させる。幕府の財政は好転せず，町人は不満を高め，農村の復興は進まず，幕府や社会の厳しい状況に大きな変化がなかったことを確認する。

ワークシートの解答例

❶ ①徳川吉宗　②公事方御定書　③目安箱　④田沼意次　⑤株仲間
　⑥松平定信　⑦天明　⑧朱子学

❷ （1位の理由の例）
- 享保の改革は，有能な人物や民衆の声を参考にして，年貢や物価の安定に努力し，裁判の増加にも対応するなど改革を進め，幕府の収入をいったん増やすことに成功したから。
- 田沼意次の政治は，わいろなどの政治の乱れはあったが，商人の力を利用して税を増やすという考えは世の中の変化に合っているから。天明のききんの発生は田沼意次のせいではないから。
- 寛政の改革は，凶作に備えて命を守ろうとし，学問所で人材の育成を図っているから。

本時のワークシート

単元を貫く学習課題 ▶ なぜ江戸時代の後半に社会や政治が不安定な状態になったのか

幕政改革

今日の目標 ▶ 江戸幕府の政治改革を比べてランキングをつけよう

❶ 江戸幕府は社会の変化や年貢の不足に対してどのように対応したのか。

改革	享保の改革	田沼の政治	寛政の改革
時期	1716〜45年	1772〜87年	1787〜93年
人物	①	④	⑥
政策	・裁判の基準として（②　　　　）を定める。 ・（③　　　　）を設け，投書させる。 ・年貢を一定にする。 ・上米の制を行う。 ・大岡忠相を登用。	・商人の力を利用し，（⑤　　　　）を増やし，長崎貿易を活性化させる。 ・蝦夷地の開拓を計画する。	・（⑦　　　　）のききんの対応として，出かせぎの農民を村へ帰し，米を蓄える。 ・昌平坂学問所をつくり，（⑧　　　　）を学ばせる。 ・風紀を取り締まる。
結果	不況や米価の上昇	政治の乱れ	倹約への反発
ランキング	位	位	位
理由			

❷ 3つの政治改革の内容や結果をもとにランキングをつけ，上の表に順位と理由を書こう。

Column 5 「近代の日本と世界」における アクティブ・ラーニングのポイント

❶ 近現代では世界との関わりを意識

　新学習指導要領では，歴史的分野の内容が「歴史との対話」「近世までの日本とアジア」「近現代の日本と世界」という３つの大項目から構成されています。つまり，近代以降の歴史は近世以前とは異なる扱いになっています。近世までの歴史と近代以降の歴史で最も異なるのは「世界の動きとの関連を一層重視」（『中学校学習指導要領（平成29年告示）解説　社会編』より引用）する点です。それは，近代と現代では項目名に「世界」という語句が入ることからもわかります。世界の歴史の中での日本の位置づけという感覚が求められます。

　近現代の歴史の内，近代では国際社会と密接に関わりながら，開国から近代化を経て，日本がアジアの列強として成長したという大きな流れを捉えることが重要です。国際社会との関わりを理解させるためには，各国の立場から，学習課題について多角的に考えさせることが重要です。さらに，地理的な「見方・考え方」である位置や分布に関わる視点も重要です。

　例えば，日英同盟が結ばれた背景を理解するには，ロシアが不凍港を求めつつ，中国での権益拡大をねらったことや，イギリスが中国における租借地や植民地の香港を守るためにロシアの南下を阻止したかったことを理解しなければいけません。そこで，「イギリスが日本に味方した理由を，中国の地図を見ながらイギリスとロシアの勢力の分布に注目して考えよう」などと問うことで，地理的な「見方・考え方」と歴史的な「見方・考え方」の両方を働かせることができます。時間に関わる歴史的な視点と空間に関わる地理的な視点を組み合わせる方法は，公民的分野の学習の際に生かすことができます。

❷ 実物資料の活用

　近代以降の歴史では，教科書や資料集に掲載されている資料の実物が手に入る場合があります。例えば，明治時代の地券や戦時中に発行された衣料切符，海外で日本軍が発行した軍事手票（軍票）などは，インターネットの通販サイトで手に入れることが可能です。

　それらの資料の実物を提示したり，カラーコピーを配布したりして読み取らせると，生徒は意欲的に読み取ろうとします。なお，「資料を見て気付いたことは何か」というような発問だと，生徒は資料のどこに注目すべきかわかりません。例えば「地租を確実に納めさせるために，地券にはどのような情報が書かれているか」など，資料の性質に触れるような発問にするか，「地券には異なる金額がいくつか書かれている。その意味を明らかにしよう」など，注目すべき点を具体的に示すことが大切です。

第 6 章

「近代の日本と世界」の授業展開&ワークシート

欧米における近代社会の成立と
アジア諸国の動き　　86

明治維新と近代国家の形成　90

議会政治の始まりと
国際社会との関わり　　96

近代産業の発展と
近代文化の形成　　100

第一次世界大戦前後の
国際情勢と大衆の出現　　104

第二次世界大戦と人類への惨禍　110

近代の日本と世界

13 欧米における近代社会の成立とアジア諸国の動き

▶単元構想

単元の目標

○欧米諸国における産業革命や市民革命，アジア諸国の動きなどを基に，欧米諸国が近代社会を成立させてアジアへ進出したことを理解する。
○工業化の進展と政治や社会の変化などに着目して，アメリカの独立やフランス革命などを通して，政治体制の変化や人権思想の発達や広がり，現代の政治とのつながりなどと関連づけながら近代社会の成立について多面的・多角的に考察して表現する。
○欧米諸国が近代社会を成立させてアジアへ進出する過程や結果について，関心を高めて主体的に追究しようとする態度を養うとともに，国家及び社会の近代化や人々の生活の向上に尽くした歴史上の人物などを尊重する態度や，国際協調の精神を養う。

単元を貫く学習課題
なぜ近代化したヨーロッパの国々が日本へやってきたのか

各時間の目標

1	革命とはどのようなことか関心を高めよう
2	市民革命の歴史的な価値を法から考えよう
3	産業革命による社会の変化を資料から読み取ろう
4	列強が生まれた流れを理解しよう
5	ヨーロッパの国々がアジアへ進出した理由を説明しよう
6	近代とはどのような時代かまとめよう

評価規準

知識・技能	思考・判断・表現	主体的に学習に取り組む態度
ア　イギリスを例にして，産業革命によって資本主義社会が成立したことを資料から読み取っている。 イ　欧米諸国が近代化して列強と呼ばれるようになる経緯を理解している。	ア　独立宣言や人権宣言を通して，市民革命の意義について考えている。 イ　欧米諸国がアジアへ進出した背景と結果について，市民革命や産業革命と関連付けて考えている。	ア　市民革命や産業革命などの大きな変革が政治や社会に及ぼす影響について関心を高めている。 イ　学習内容を基に，欧米の近代の特色について主体的に追究している。

▶単元の指導計画

時	ねらい	学習活動	○教師の指導 ■評価

なぜ近代化したヨーロッパの国々が日本へやってきたのか

時	ねらい	学習活動	○教師の指導 ■評価
1	【世界の市民革命】市民革命や産業革命などの大きな変革が政治や社会に及ぼす影響について関心を高める。	革命とはどのようなことか関心を高めよう ・イギリスやフランスの絶対王政について調べ，イギリスの市民革命で王政が大きく変化したことについて考える。 ・単元を貫く学習課題に対する予想を立てる。	○市民革命の背景に人権思想の発達や広がりがあったことに着目させる。 ■態ア
2	【アメリカの独立とフランス革命】独立宣言や人権宣言を通して，市民革命の意義について考える。	市民革命の歴史的な価値を法から考えよう（→ p.88） ・アメリカの独立戦争とフランス革命の流れを確認する。 ・独立宣言や人権宣言の歴史における重要性について考える。	○独立宣言や人権宣言の共通点について考えさせる。 ■思ア
3	【イギリスの産業革命】イギリスを例にして，産業革命によって資本主義社会が成立したことを資料から読み取る。	産業革命による社会の変化を資料から読み取ろう ・産業革命の要因としての技術革新や，産業革命の結果としての生産の変化について，絵画資料から情報を読み取る。 ・イギリスの炭鉱の絵や労働時間，リヴァプールの労働者の平均寿命などの資料から，労働環境の劣悪さについて理解する。	○資本主義の広まりや，労働問題や社会問題の発生による社会主義の萌芽についても取り上げる。 ■知ア
4	【欧米列強の成立】欧米諸国が近代化して列強と呼ばれるようになる経緯を理解する。	列強が生まれた流れを理解しよう ・領土の拡大や南北戦争がアメリカをどのように変化させたか考える。 ・ロシアの近代化やイタリア，ドイツの誕生について調べる。	○アメリカの南北戦争と日本への関与が減少したことの因果関係に気付かせる。 ■知イ
5	【アジアの植民地化】欧米諸国がアジアへ進出した背景と結果について考える。	ヨーロッパの国々がアジアへ進出した理由を説明しよう ・アヘン戦争前後の貿易の変化について，図を用いて説明する。 ・イギリスが中国へ進出した理由について考える。	○アヘン戦争が幕府の政策の転換につながったことに気付かせる。 ■思イ
6	【単元のまとめ】学習内容を基に，欧米の近代の特色について主体的に追究する。	近代とはどのような時代かまとめよう ・学習内容を基に，近代とそれ以前の社会のちがいを比較する。 ・単元を貫く学習課題への考えをまとめる。	○世界中の結び付きが強まる点に着目させる。 ■態イ

第2時　本時の目標
市民革命の歴史的な価値を法から考えよう

1 導入　アメリカ独立戦争とフランス革命について調べる

　前時の復習としてイギリスの市民革命を振り返った上で「**イギリスに続いて市民革命が起きたのはどこの国か**」と問い，口頭で予想させる。答えは，アメリカ（正確にはイギリスの植民地だったアメリカ）である。その直後にフランスでも市民革命が起きたことを伝え，アメリカの独立までの流れとフランス革命の流れについて調べさせる（ワークシートの❶）。フランス革命については，干渉戦争やナポレオンの台頭について補足する。

2 展開　革命後に出された宣言の重要性について考える

　「**独立宣言や人権宣言にはどのような重要性があるか**」と発問し，革命を起こした人々の思いや法のもつ価値の視点から，法によって明文化されることで市民の人権が保障されたことに気付かせる（ワークシートの❷）。独立宣言については基本的人権に関する部分，人権宣言については第1条から第3条の部分から読み取らせる。さらに，2つの宣言に共通する重要性について考えさせる。共通点を考える際には「**宣言という形にすることでどのような良さが生じるのか**」というような補助発問をすることで，国の根幹である法に人権の保障が明示される意義に気付かせる。

> **見方・考え方を働かせるポイント ▸▸▸**
> 革命という時代の大きな変化の視点や独立宣言と人権宣言の共通性という事象の特色に関わる視点に着目させ，市民革命が与えた影響について資料を根拠に考えさせる。

3 まとめ　現在の政治とのつながりや市民革命の課題について考える

　「**独立宣言や人権宣言の条文を読むと，現在の日本につながる内容がないか**」と問い，口頭で答えさせ，日本国憲法における基本的人権の尊重との関連性に気付かせる。また，独立宣言の「人」は原文では"Men"，人権宣言の「人」は"hommes"で男性を指し，女性や白人以外の人種，奴隷には人権が認められなかったことを補足する。

ワークシートの解答例

❶　①ワシントン　②独立　③合衆国　④バスティーユ　⑤人権　⑥ナポレオン

❷　①（例）自由や平等の権利，幸福を追求する権利など，基本的人権をもつことを認めた点。
　　②（例）自由や平等の権利，抵抗権，国民主権を認めた点。
　　③（例）基本的人権を法の形で明記することで，人権が保障されるようになった。革命の戦いによる犠牲を無駄にせず，革命の成果を形で残すことができた。

本時のワークシート

単元を貫く学習課題　なぜ近代化したヨーロッパの国々が日本へやってきたのか

アメリカの独立とフランス革命

今日の目標 ▶ 市民革命の歴史的な価値を法から考えよう

❶ アメリカの独立とフランス革命の流れについて調べよう。

アメリカ独立戦争の流れ		フランス革命の流れ	
1773	・ボストン茶会事件	1789	・三部会が開かれる
1775	・独立戦争…総司令官は（①　　　　　）		・平民代表が国民議会をつくる
1776	・（②　　　　　宣言）		・パリの民衆が（④　　　　　）牢獄を襲撃する
1787	・（③　　　　　憲法）		・革命に勝利した国民議会が（⑤　　　　　宣言）を発表
		1804	・（⑥　　　　　）が皇帝になる

❷ アメリカの独立宣言やフランスの人権宣言にはどのような重要性があるか。条文を読み，革命を起こした人々の思いや法のもつ価値などの視点に注目して考えよう。

①独立宣言の重要性

②人権宣言の重要性

③共通する重要性

近代の日本と世界

14 明治維新と近代国家の形成

▶単元構想

単元の目標

○開国，富国強兵・殖産興業政策，文明開化の風潮などを基に，明治維新によって近代国家としての基礎が整えられて，国民の生活が大きく変化したことを理解する。
○明治政府の諸改革の目的などに着目して，欧米諸国のアジア進出，政府や人々の努力などと関連づけながら，近代社会の成立について多面的・多角的に考察して表現する。
○近代国家としての基礎が整えられる過程や結果について主体的に追究しようとする態度を養うとともに，国家及び社会の近代化に尽くした人物などを尊重する態度を養う。

単元を貫く学習課題
日本はいつの時点で近代国家になったといえるか

各時間の目標

1	開国の背景について関心を高めよう
2	薩長の方針が攘夷から倒幕へと変化した理由を説明しよう
3	江戸幕府が滅亡した理由について考えよう
4	明治維新の新しい政策について関心を高めよう
5	新政府が目ざした国の形について法律の条文から読み取ろう
6	富国強兵の政策が国民に与えた影響を資料から読み取ろう
7	産業の近代化や生活の変化を江戸時代と比べて理解しよう
8	欧米とアジアに対する明治政府の外交方針のちがいを説明しよう
9	近代化の面から明治政府の政策を評価しよう

評価規準

知識・技能	思考・判断・表現	主体的に学習に取り組む態度
ア 明治政府の方針を法令から理解している。 イ 富国強兵の政策が社会へ与えた影響を資料から読み取っている。 ウ 殖産興業と文明開化の特色を理解している。	ア 開国が社会や政治に与えた影響について考えている。 イ 江戸幕府が滅亡した理由を多角的に考えている。 ウ 明治政府の外交方針の特色を表現している。	ア 開国の経緯と影響への関心を高めている。 イ 明治維新の政治的特色を主体的に考えている。 ウ 現代への影響の視点から明治政府の諸改革への関心を高めている。

▶単元の指導計画

時	ねらい	学習活動	○教師の指導　■評価
		日本はいつの時点で近代国家になったといえるか	
1	【ペリー来航と開国】開国の経緯と影響への関心を高める。	開国の背景について関心を高めよう ・開国までの流れを確認し、開国に対する大名の意見の変化の理由を考える。	○不平等条約を扱う。 ■態ア
2	【攘夷から倒幕へ】開国が社会に与えた影響について考える。	薩長の方針が攘夷から倒幕へと変化した理由を説明しよう ・対立していた薩長が倒幕に方針を変え、同盟を結んだ理由について考える。	○開国の影響に触れる。 ■思ア
3	【江戸幕府の滅亡】江戸幕府滅亡の理由を多角的に考える。	江戸幕府が滅亡した理由について考えよう（→ p.92） ・フィッシュボーン図を使って、江戸幕府の滅亡の理由を多面的・多角的に考える。	○民衆にも着目させる。 ■思イ
4	【戊辰戦争と明治維新】明治維新の政治的特色を主体的に考える。	明治維新の新しい政策について関心を高めよう ・明治政府が戊辰戦争と改革を同時に進めたことを、年表を作成しながら理解する。 ・政治の方針の変化を資料から読み取る。	○課題と解決への取組に着目させる。 ■態イ
5	【廃藩置県と四民平等】明治政府の方針を法令から理解する。	新政府が目ざした国の形について法律の条文から読み取ろう ・廃藩置県の断行が反対されなかった理由について考える。 ・解放令のねらいと課題について考える。	○太政官布告や解放令の現代語訳を活用する。 ■知ア
6	【富国強兵の諸改革】富国強兵の政策が社会へ与えた影響を資料から読み取る。	富国強兵の政策が国民に与えた影響を資料から読み取ろう ・実際の地券から内容を読み取る。 ・学制、徴兵令、地租改正に関する条文を根拠に、富国強兵の内容について考える。	○現在につながる制度ができたことに触れる。 ■知イ
7	【殖産興業と文明開化】殖産興業と文明開化の特色を理解する。	産業の近代化や生活の変化を江戸時代と比べて理解しよう ・殖産興業の展開について調べる。 ・明治初期の函館の写真や絵画から、文明開化の様子を読み取る。	○生活の変化について江戸時代と比較させる。 ■知ウ
8	【外交と国境画定】明治政府の外交方針の特色を表現する。	欧米とアジアに対する明治政府の外交方針のちがいを説明しよう ・明治政府の外交を国別に調べ、国別の方針の共通点と相違点について考える。	○国境の画定を扱う。 ■思ウ
9	【単元のまとめ】現代への影響の視点から明治政府の諸改革への関心を高める。	近代化の面から明治政府の政策を評価しよう（→ p.94） ・学習内容を基に、矢印を利用した図を使い、社会と政治がどの段階で最も近代国家になったか考える。	○価値判断を通して主体的に考えさせる。 ■態ウ

第3時 江戸幕府が滅亡した理由について考えよう

本時の目標

1 導入　年表で江戸幕府の滅亡までの流れを調べる

前時の復習として，薩摩藩とイギリスが接近したことや薩長同盟が結ばれたことを確認する。次に，教科書の年表などを参考に江戸時代が西暦何年で終わっているか調べさせる。その上で「江戸時代が終わった1867年にはどのような出来事が続いたのか」と問い，年表を完成させる（ワークシートの❶）。

2 展開　フィッシュボーン図を使って江戸幕府が滅亡した理由を考える

「江戸時代が滅亡した理由について複数の立場から考えよう」と発問し，フィッシュボーン図（簡易的な形。本来の形式は本書115ページを参照）を活用して江戸幕府が滅亡した理由について考察させる（ワークシートの❷）。その際，教師の側からは倒幕派（薩摩藩や長州藩）と民衆の２つの立場をあらかじめ提示する。残りの２つの立場については，生徒に考えさせる。朝廷の動きや外国の動きなどが予想される。個人思考の後に小グループで話し合い，それぞれの視点について，より説得力のある内容になるようにする。全体交流では，グループとしての結論の他，グループ内の議論で意見が多く出た点なども発表させる。

> **見方・考え方を働かせるポイント ▶▶▶**
> 江戸幕府の滅亡の原因について，幕末における事象相互の関連に着目させながら，時代の転換の様子を多面的・多角的に考察することで見方・考え方を働かせる。

3 まとめ　江戸幕府滅亡後に残った課題について考える

「江戸幕府が滅んでも解決していない問題は何か」と問い，口頭で回答させるか，ノートに考えを記入させる。徳川家を中心とする旧幕府側には財力も兵力も豊富にあることに気付かせ，戊辰戦争が起きる背景に関心をもたせる。

ワークシートの解答例

❶　①明治　　②徳川慶喜　　③大政奉還　　④王政復古

❷　視点①（例）薩長同盟が結ばれ，十分な武器と西洋式の軍隊を倒幕派はもっていた。
　　視点②（例）物価高などの生活苦で幕府への信頼が低下した。世直しを求める一揆やええじゃないかの騒ぎにより，幕府の威信が低下した。
　　視点③（「朝廷」の例）倒幕派と協力して王政復古の大号令を出し，新政府をつくった。
　　視点④（「外国」の例）イギリスが商人を通して武器を売るなど薩摩藩に協力していた。
　　結果（例）社会の混乱と倒幕を目指す勢力に追い詰められ，江戸幕府は滅亡した。

本時のワークシート

単元を貫く学習課題 ▶ 日本はいつの時点で近代国家になったといえるか

江戸幕府の滅亡

今日の目標 ▶ 江戸幕府が滅亡した理由について考えよう

❶ 江戸時代が終わった1867年にはどのような出来事が続いたのか。

8月	京都でええじゃないかが起こる 〜農村では世直しを求める一揆や騒動が各地で起こる〜
10月	(①　　　　　天皇)が即位 15代将軍の(②　　　　　　　)が (③　　　　　　　)を行う…政権を朝廷に返す
12月	(④　　　　　　の大号令)を出す…慶喜に辞官納地を求める

❷ 江戸時代が滅亡した理由について複数の立場から考えよう。

下のフィッシュボーン図の①〜④の視点に考えを記入してから，工夫をまとめよう。③と④には，自分で考えた視点を書き入れよう。

視点①　倒幕派　　　　視点②　民衆

結果

視点③（　　　　　　）　視点④（　　　　　　）

第9時 本時の目標 近代化の面から明治政府の政策を評価しよう

1 導入　明治政府の政策を振り返る

単元のまとめとして，これまでの学習を振り返る。具体的には，江戸幕府がほろび，新政府によって日本が近代国家へと変化する歴史におけるキーワードを書く（ワークシートの❶）。

2 展開　矢印を用いた図で近代国家へ成長する過程を表現する

「明治維新によって日本が近代化する流れを図に表そう」と発問し，ワークシートの❶に記入した語句を使って近代化の過程を図に表現する（ワークシートの❷）。図には，明治維新で行われた新政府の政策や方針を書く。形式については特に指定せず，チャート図のようにしても良いし，年表の形で表現しても良いと伝える。次に「**日本はどの段階で近代国家になったとあなたは考えるか**」と問い，図の中で政策を１つ選び，丸で囲ませる。グループや全体で交流し，近代国家とは何かということを含めて，新政府の諸政策の歴史的な意義について考える。

> **見方・考え方を働かせるポイント** ▶▶▶
> 日本の国家としての近代化という推移に関する視点から，新政府の諸政策について，比較しながら多面的・多角的に考えて価値を判断することで，見方・考え方を働かせる。

3 まとめ　単元を貫く学習課題に対する考えをまとめる

単元を貫く学習課題「日本はいつの時点で近代国家になったといえるか」に対する考えを別紙のワークシートかノートにまとめる。まとめの際には，本時の内容を参考にさせる。

ワークシートの解答例

❶ （例）王政復古の大号令　戊辰戦争　五箇条の御誓文　版籍奉還　廃藩置県　四民平等
　　解放令　学制　富国強兵　徴兵令　地租改正　殖産興業　文明開化

❷ （例）右図

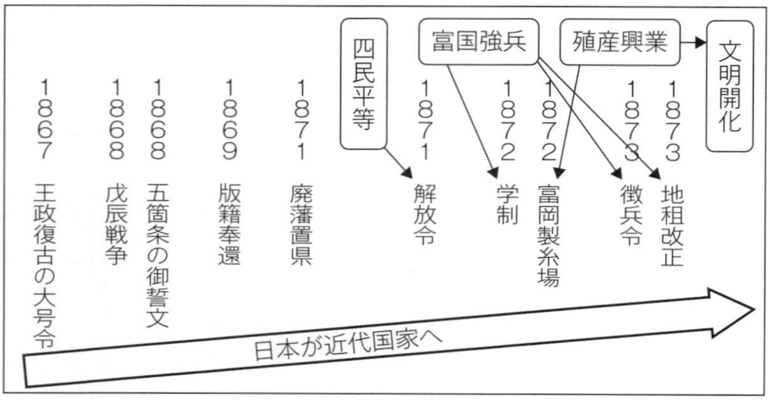

❸ （地租改正を選んだ例）
地租改正によって税が地価の３％を現金で納めるようになり，収入が安定し，政府は予算を立てやすくなったから。

1867 王政復古の大号令／1868 戊辰戦争／1868 五箇条の御誓文／1869 版籍奉還／1871 廃藩置県／1871 四民平等→解放令／1872 学制／1872 富国強兵→富岡製糸場／1873 徴兵令／1873 殖産興業→地租改正→文明開化

日本が近代国家へ

本時のワークシート

単元を貫く学習課題 日本はいつの時点で近代国家になったといえるか

明治維新のまとめ

今日の目標 ▶ 近代化の面から明治政府の政策を評価しよう

❶ 日本が近代化する流れの中で，重要な語句を振り返って下に記入しよう。

❷ ❶の語句を使って，明治維新によって日本が近代化する流れを図に表そう。

日本が近代国家へ →

❸ 日本はどの段階で近代国家になったとあなたは考えるか。上の図の語句から1つ選んで○で囲み，下に選んだ理由を書こう。

第6章 「近代の日本と世界」の授業展開＆ワークシート

近代の日本と世界

15 議会政治の始まりと国際社会との関わり

▶単元構想

単元の目標

- ○自由民権運動，大日本帝国憲法の制定，日清・日露戦争，条約改正などを基に，立憲制の国家が成立するとともに，日本の国際的な地位が向上したことを理解する。
- ○議会政治や外交の展開などに着目して，大陸との関係や国内の社会状況や国際情勢との関わりなどと関連づけながら，立憲制国家の成立や国際的地位の向上について多面的・多角的に考察して表現する。
- ○立憲制国家の成立や国際的地位の向上の過程や結果について主体的に追究しようとする態度を養うとともに，国家・社会の発展に尽くした人物などを尊重する態度を養う。

単元を貫く学習課題

日本は欧米やアジア諸国とどのように関係を変化させていったか

各時間の目標

1	近代の日本の変化について関心を高めよう
2	大日本帝国憲法の価値について考えよう
3	条約改正への関心が高まった理由について考えよう
4	日清戦争の頃のアジアの情勢を風刺画から読み取ろう
5	日露戦争の原因を各国との関係から理解しよう
6	日露戦争の特色を日清戦争と比較しながら考えよう
7	日本の植民地獲得の流れを理解しよう
8	日本の発展と国際的地位の向上についてまとめよう

評価規準

知識・技能	思考・判断・表現	主体的に学習に取り組む態度
ア 日清戦争の国際情勢を資料から読み取っている。 イ 東アジアの情勢から日露戦争の原因を理解している。 ウ 日露戦争の勝利の影響を理解している。	ア 大日本帝国憲法の意義について考えている。 イ 条約改正への世論の高まりの背景について考えている。 ウ 日露戦争の成果と課題について考えている。	ア 明治時代の風刺画を通して，日本の政治や国際的地位の変化への関心を高めている。 イ 日本の発展や国際的地位の向上の過程について意欲的にまとめている。

▶単元の指導計画

時	ねらい	学習活動	○教師の指導　■評価

日本は欧米やアジア諸国とどのように関係を変化させていったか

時	ねらい	学習活動	○教師の指導　■評価
1	【自由民権運動】 日本の政治や国際的地位の変化への関心を高める。	近代の日本の変化について関心を高めよう ・複数の風刺画を時代順に並べ替え，単元を貫く学習課題に対する予想を立てる。 ・自由民権運動の背景と結果を調べる。	○現代の政治とのつながりに気付かせる。 ■態ア
2	【大日本帝国憲法】 大日本帝国憲法の意義について考える。	大日本帝国憲法の価値について考えよう ・内閣制度の成立から大日本帝国憲法が成立するまでの流れを年表にする。 ・条文から，憲法の意義について考える。	○法の意義に着目させる。 ■思ア
3	【条約改正】 条約改正への世論の高まりの背景について考える。	条約改正への関心が高まった理由について考えよう ・帝国主義が台頭する国際情勢について地図を活用して理解する。 ・条約改正の背景や失敗について考える。	○条約改正が成功しない原因に着目させる。 ■思イ
4	【日清戦争】 日清戦争の国際情勢を資料から読み取る。	日清戦争の頃のアジアの情勢を風刺画から読み取ろう（→ p.98） ・日清戦争直前の国際関係について風刺画を活用して考える。 ・風刺画の解説文をつくる。	○フォトランゲージや解説文づくりを行う。 ■知ア
5	【日英同盟】 東アジアの情勢から日露戦争の原因を理解する。	日露戦争の原因を各国との関係から理解しよう ・中国と朝鮮をめぐる欧米列強と日本の動きについて国ごとの関係図をつくる。 ・日英同盟が結ばれた理由を考察する。	○大陸における各国の利害関係を整理させる。 ■知イ
6	【日露戦争】 日露戦争の成果と課題について考える。	日露戦争の特色を日清戦争と比較しながら考えよう ・日露戦争について，日清戦争と結果などを比較して，戦争を通して日本が得たものと得られなかったものを理解する。	○表を使い，相違点について考えさせる。 ■思ウ
7	【韓国併合と辛亥革命】 日露戦争の勝利の影響を理解する。	日本の植民地獲得の流れを理解しよう ・写真資料から韓国併合の過程や結果について考える。 ・辛亥革命の日本への影響について考える。	○条約改正に成功した要因に着目させる。 ■知ウ
8	【単元のまとめ】 日本の発展や国際的地位の向上の過程についてまとめる。	日本の発展と国際的地位の向上についてまとめよう ・本単元で扱った風刺画の展覧会を開くとしたら会の名とそれぞれの絵につける題名をどのようにするか考えさせる。	○風刺画の題名を付けさせて歴史を大観する。 ■態イ

第4時 日清戦争の頃のアジアの情勢を風刺画から読み取ろう

1 導入　近代までの中国との関係について振り返る

　黒板に「中国と日本の関係」と横に書き，その下に「古代」「中世」「近世」「近代」と縦に板書して日本と中国の関係を振り返っていく。古代に皇帝へ使いを送っていた時代，中世の元寇や朝貢貿易，近世の長崎での貿易，近代に入っての日清修好条規や琉球処分，台湾出兵などを例に，中国との関係が次第に変化していったことを確認する。

2 展開　日清戦争の風刺画についてフォトランゲージを行う

　「日清戦争の頃の中国とどのような関係にあったのか」と発問し，日清戦争前のアジアの情勢を釣り堀に例えたビゴーの風刺画を読み取らせる。「風刺画の人物や魚，行動，場所が何を表しているか考えよう」と問い，小グループになって拡大した風刺画に付箋を貼らせる。全体で意見を交流してから，個人で風刺画のキャプション（解説文）の前半を記入させる（ワークシートの❷）。次に「風刺画に描かれた状況が日清戦争によってどのように変化するか」と問い，日清戦争の結果について教科書などから調べる（ワークシートの❸）。

見方・考え方を働かせるポイント ▶▶▶
　日清戦争の背景と影響という事象相互の関連に関わる視点に着目させ，風刺画を通して日本を含めた各国の利害関係を可視化することで，時代の転換の様子を多面的・多角的に考察する。

3 まとめ　日清戦争の風刺画にキャプションをつける

　「日清戦争を通して，日本に関わるアジアの情勢はどのように変化したか」と問い，キャプションの後半部分を記入させ，風刺画に自分で考えた題名を付けさせる（ワークシートの❹）。キャプションと題名を全体で交流して，日清戦争前後における国際情勢の変化について理解した内容を確認する。

ワークシートの解答例

❶ 略　【補足】フォトランゲージの手法を風刺画に取り入れ，コピーした絵に付箋を貼る。

❷ （例）朝鮮をめぐって日本と清が牽制をし合っていて，ロシアがその様子をうかがっている状況を表している。

❸ ①甲午農民戦争　②日清戦争　③日本　④下関　⑤遼東　⑥三国干渉

❹ （例）清に勝利した日本は，清に朝鮮の独立を認めさせて領土と賠償金を手に入れるなど優位に立つ。ロシアとの間には三国干渉が起き，対立が大きくなった。

（題名の例）「朝鮮は俺がもらう」

本時のワークシート

単元を貫く学習課題 ▶ 日本は欧米やアジア諸国とどのように関係を変化させていったか

日清戦争

今日の目標 ▶ 日清戦争の頃のアジアの情勢を風刺画から読み取ろう

❶ 日清戦争前の東アジアの状況を描いた風刺画について、人物や魚、行動、場所が何を表しているか注目して考え、気付いたことを付せんに書こう。

❷ ❶を参考に風刺画の解説文（キャプション）を考えよう（下の左側）。

この絵は、日清戦争前の東アジアの国際関係を描いた風刺画で、	この絵に描かれた状況は、日清戦争後に次のように変化した。
題名	

❸ 風刺画に描かれた状況が日清戦争によってどのように変化するか。

年	出来事
1894	（①　　　　　　　　）…朝鮮で農民たちが立ち上がる。（①）の鎮圧に清と日本が出兵し、（②　　　　　　　　）が始まる。
1895	（③　　　　）が勝利して（④　　　　　　条約）を結ぶ。朝鮮の独立を認めさせて（⑤　　　　半島）や台湾、賠償金を手に入れる。賠償金は軍備拡張に使い、（⑤）はロシア・ドイツ・フランスの（⑥　　　　　　　　）があり、返還する。

❹ 日清戦争を通して、日本に関わるアジアの情勢はどのように変化したか。❷の解説文の後半（右側）を記入し、題名を付けて完成させよう。

近代の日本と世界

16 近代産業の発展と近代文化の形成

▶単元構想

単元の目標

○日本の産業革命，国民生活の変化，学問・教育・科学・芸術の発展などを基に，日本で製糸業や紡績業，鉄鋼業などの近代産業が発展するとともに，伝統的な文化の上に欧米文化を受容して近代文化が成立したことを理解する。

○工業化の進展と政治や社会の変化などに着目して，大陸との関係や国内の社会状況や国際情勢との関わりなどと関連づけながら，近代産業の発展と近代文化の形成について多面的・多角的に考察して表現する。

○近代産業が発展し，近代文化が形成していく過程や結果について主体的に追究しようとする態度を養うとともに，産業並びに文化の発展や人々の生活の向上に尽くした人物や文化遺産を尊重する態度を養う。

単元を貫く学習課題
なぜ日清・日露戦争の時期と産業や文化の近代化が重なるのか

各時間の目標

1	産業革命の頃の日本の特色を資料から読み取ろう
2	工業化によって生じた問題の解決策について考えよう
3	近代化と文化の関係について考えよう
4	アイヌ文化とその変化について理解しよう
5	産業の発展と近代文化の発展の流れについてまとめよう

評価規準

知識・技能	思考・判断・表現	主体的に学習に取り組む態度
ア 近代産業が発展して資本主義経済が広まった過程について資料から読み取っている。 イ アイヌ文化の言語や宗教の独自性について理解している。	ア 近代化と学問や科学，芸術の発展の関係について考えている。	ア 工業化によって生じた課題を主体的に見出し，解決策を追究している。 イ 産業の発展と近代文化の発展の因果関係や今後の課題について主体的に考えている。

▶単元の指導計画

時	ねらい	学習活動	○教師の指導 ■評価

なぜ日清・日露戦争の時期と産業や文化の近代化が重なるのか

時	ねらい	学習活動	○教師の指導 ■評価
1	【日本の産業革命】近代産業が発展して資本主義経済が広まった過程について資料から読み取る。	産業革命の頃の日本の特色を資料から読み取ろう ・軽工業と重工業の発展の様子について，工業の生産量や輸出品のグラフを使って読み取る。 ・日本における産業革命や科学での国際的な業績が日清・日露戦争の時期と重なることを確認し，その理由を予測する。	○工業の発展については，富国強兵・殖産興業政策の影響や，鉄道網の広がりとの関連性に着目させる。 ■知ア
2	【社会問題の発生】工業化によって生じた課題を主体的に見出だし，解決策を追究する。	工業化によって生じた問題の解決策について考えよう（→p.102） ・産業革命による農村と都市の生活の変化について理解する。 ・労働争議などの社会運動について調べる。 ・足尾鉱毒事件の課題の解決についてＫＰＴ法を使って考える。	○公害の発生という課題に対して，複数の意見を踏まえて判断するように促す。 ■態ア
3	【明治時代の文化】近代化と学問や科学，芸術の発展の関係について考える。	近代化と文化の関係について考えよう ・『坊っちゃん』の一節から，現代的な小説が生まれたことに気付かせる。 ・明治時代の文化や教育の普及について調べる。 ・黒田清輝と横山大観の絵を比較する。	○伝統的な文化の上に欧米文化を受容して形成されたことに気付かせる。 ■思ア
4	【開拓とアイヌ文化】アイヌ文化の言語や宗教の独自性について理解している。	アイヌ文化とその変化について理解しよう ・「ラッコ」などの身近なアイヌ語やアイヌ文化が登場する漫画などから関心を高め，アイヌ文化の特色について調べる。 ・同化政策や差別の問題について考える。	○知里幸恵と金田一京助の関わりや『アイヌ神謡集』を取り上げる。 ■知イ
5	【単元のまとめ】産業の発展と近代文化の発展の因果関係や今後の課題について主体的に考える。	産業の発展と近代文化の発展の流れについてまとめよう ・単元の学習内容を基に「産業の発展」と「文化の発展」をキーワードにして，ウェビングマップを作成する。 ・単元を貫く学習課題に対する考えをまとめる。 ・ウェビングマップに，今後生じる課題について予想した内容を書き足す。	○ヨーロッパの産業革命の学習内容を振り返って，産業革命の進展が帝国主義につながることに気付かせる。 ■態イ

第2時 工業化によって生じた問題の解決策について考えよう

本時の目標

1 導入　ヨーロッパの事例から産業革命の影響について考える

既習事項の振り返りを行う。「イギリスでは産業革命の後にどのように社会が変化したり，新たな社会問題が発生したりしたか」と問う。口頭で答えさせ，資本主義の広がりや労働問題の発生と社会主義の影響，公害の発生などの内容を板書する。

2 展開　ＫＰＴ法を用いて当時の公害対策を評価する

「日本の社会は産業革命によってどのように変化したか」と発問し，資本主義の浸透と労働問題の発生，公害の発生の３点について，教科書などで調べさせる（ワークシートの❶）。

次に，公害の発生の中から足尾鉱毒事件を取り上げて「足尾鉱毒事件に関わるそれぞれの立場の主張を整理しよう」と問う（ワークシートの❷）。その上で「足尾鉱毒事件への当時の対応は適切だったのか評価しよう」と問い，教科書等の足尾鉱毒事件に関連する記述や年表を根拠にして，ＫＰＴ法を用いて対応を評価する（ワークシートの❸）。資料については，教科書等で不足ならば教師の方で資料を用意して配付する。個人思考の後に小グループでホワイトボードなどにＫＰＴ法をまとめる。

　　見方・考え方を働かせるポイント ▶▶▶
　　公害の対応という問題解決型の学習を取り入れた実践例である。公害の原因や影響の視点から，複数の立場を踏まえて取るべき対策を選択し，判断することで見方・考え方を働かせる。

3 まとめ　グループや全体の意見を参考に個人としての選択・判断をする

各グループでＫＰＴ法の内容を発表し，その内容を聞いた上でノートなどに個人の考えをまとめる。公害の発生という歴史的な課題に対して当時としてどのような対策が可能だったか考えさせることで，生徒の主体的な学びを促す。

ワークシートの解答例

❶ ①労働　②幸徳秋水　③大逆事件　④足尾銅山

❷ （住民の例）農業や漁業，健康被害をなくしてほしい。（古河鉱業の例）赤字にしたくない。
　（田中正造の例）住民のため操業を止めたい。（政府の例）鉱山を維持しつつ公害を防止したい。

❸ ①（例）住民や田中正造の運動。政府の鉱毒防止の指示。企業の対策。
　②（例）企業の対策の不十分さ。政府の谷中村の廃村。公害の被害の報道の不十分さ。
　③（例）政府の支援による鉱毒防止策と，できない場合の操業停止命令。被害の継続や群馬県への被害の拡大などの報道。他の公害被害の地域を探しての住民同士の連携。

本時のワークシート

単元を貫く学習課題 ▶ なぜ日清・日露戦争の時期と産業や文化の近代化が重なるのか

社会問題の発生

今日の目標 ▶ 工業化によって生じた問題の解決策について考えよう

❶ 産業革命の生活への影響
(1) 資本主義の広がり…農村の経済格差。人口の増加。海外移住。
(2) 労働問題…労働組合の結成と（①　　　　　争議），政府の取り締まり。
　・（②　　　　　）が社会民主党を結成。（③　　　　　）で死刑になる。
(3) 公害の発生…栃木県の（④　　　　　）で鉱毒事件が発生。

❷ 足尾鉱毒事件に関する立場を整理しよう。

住民　[　　　　　　　　　　　]　　　　　[　　　　　　　　　　　] 古河鉱業

田中正造　[　　　　　　　　　　　]　　　　　[　　　　　　　　　　　] 政府

❸ 足尾鉱毒事件に対する対応を評価しよう。

① Keep（続けるべきこと）	③ Try（挑戦すべきこと）
② Problem（問題点）	

近代の日本と世界

17 第一次世界大戦前後の国際情勢と大衆の出現

▶単元構想

単元の目標

○第一次世界大戦の背景と影響，民族運動の高まりと国際協調の動き，国民の政治的自覚の高まりと文化の大衆化などを基に，第一次世界大戦前後の国際情勢及び日本の動きと，大戦後の国際平和への努力を理解する。
○世界の動きと日本の関連などに着目して，第一次世界大戦前後の特色や民主主義的な変化について多面的・多角的に考察して表現する。
○第一次世界大戦による世界や日本の変化について主体的に追究しようとする態度を養うとともに，国際協調の精神を養う。

単元を貫く学習課題

第一次世界大戦の時期に大正デモクラシーが重なるのは偶然か

各時間の目標

1	第一次世界大戦とそれまでの戦争のちがいを比べよう
2	大戦におけるアメリカとロシアの影響について理解しよう
3	日本が第一次世界大戦に参戦した理由を説明しよう
4	大戦後の世界における各国の状況を比べよう
5	日本で民主主義的な変化が起きた理由を理解しよう
6	経済の変化と社会運動の関係を理解しよう
7	現在と比べながら大衆文化への関心を高めよう
8	大正時代はどのような時代かまとめよう

評価規準

知識・技能	思考・判断・表現	主体的に学習に取り組む態度
ア ロシア革命とアメリカの参戦の意義を理解している。 イ 大正デモクラシーの背景を理解している。 ウ 不景気と社会運動の関連性を理解している。	ア 第一次世界大戦の特色について比較によって考えている。 イ 日本が参戦したねらいについて考えている。 ウ 国際協調と民族運動の背景について考えている。	ア 現在の文化へのつながりを通して大正文化への関心を高めている。 イ 第一次世界大戦前後の時代の特色について意欲的に考えている。

▶単元の指導計画

時	ねらい	学習活動	○教師の指導　■評価

第一次世界大戦の時期に大正デモクラシーが重なるのは偶然か

時	ねらい	学習活動	○教師の指導　■評価
1	【第一次世界大戦】 第一次世界大戦の特色について比較する。	第一次世界大戦とそれまでの戦争のちがいを比べよう ・開戦前の各国の関係を整理する。 ・世界大戦をそれ以前の戦争と比較する。	○比較にベン図を使う。 ■思ア
2	【ロシア革命とアメリカの参戦】 ロシア革命とアメリカの参戦の意義を理解する。	大戦におけるアメリカとロシアの影響について理解しよう ・ロシア革命とソ連の成立を調べる。 ・前時に作成した各国の関係図をロシア革命後の形に書き換え、さらにアメリカを書き加え、状況の変化を可視化する。	○レーニンとウィルソンが共に民族自決を唱えたことに着目させる。 ■知ア
3	【日本の参戦】 日本が参戦したねらいについて考える。	日本が第一次世界大戦に参戦した理由を説明しよう ・参戦の理由をアジア進出と経済の側面から考えて表にまとめて説明する。	○財閥の成長に触れる。 ■思イ
4	【戦後の国際関係】 国際協調と民族運動の背景について考える。	大戦後の世界における各国の状況を比べよう（→ p.106） ・大戦後の世界の動きを調べ、国ごとにプラスの変化があったかマイナスの変化があったかを判断して表現する。	○国際協調と民族自決の動きに着目させる。 ■思ウ
5	【第一次護憲運動】 大正デモクラシーの背景を理解する。	日本で民主主義的な変化が起きた理由を理解しよう ・大正デモクラシーの中で起きた主な民衆運動を調べて年表にまとめる。 ・政党政治の確立に至る理由を考える。	○運動を支えた教育や学問に着目させる。 ■知イ
6	【大戦後の社会運動】 不景気と社会運動の関連性を理解する。	経済の変化と社会運動の関係を理解しよう ・労働者や女性、部落差別に苦しむ人々の運動の背景について、経済の悪化やロシア革命の影響に注目して考える。	○治安維持法の制定に着目させる。 ■知ウ
7	【大正時代の文化】 現在の文化へのつながりを通して大正文化への関心を高める。	現在と比べながら大衆文化への関心を高めよう（→ p.108） ・「大正生まれの製品クイズ」を行って関心を高め、大正生まれの製品が現在でも生産される理由について考える。	○広告を通して新聞などの普及に気付かせる。 ■態ア
8	【単元のまとめ】 第一次世界大戦前後の時代の特色について意欲的に考える。	大正時代はどのような時代かまとめよう ・学習内容を基に、大正時代の国際関係や国内の変化を一文でまとめる。 ・単元を貫く学習課題への考えをまとめる。	○同質的な大衆が生まれる意味に言及する。 ■態イ

第4時 大戦後の世界における各国の状況を比べよう

本時の目標

1 導入 主な国を第一次世界大戦への関わり方で分類する

前時の復習として，同盟国と連合国を確認する。これらに朝鮮とインド，中国を含めて「第一次世界大戦が終わった後のこれらの国の状況はどのように変化したか」と問い，展開へ移る。

2 展開 大戦後の各国の状況をプラスかマイナスで判断する

「第一次世界大戦後の状況について，大戦前と比べてプラスかマイナスか判断しよう」と発問し，ワークシートの図にそれぞれの国を位置づける。図には国名だけではなく理由も書き加えさせる（ワークシートの❷）。また，どちらともいえない場合は中央に置かせる。この活動は歴史的事象に対する価値判断が問われるため，難度は高いが意欲を向上させる効果がある。

> **見方・考え方を働かせるポイント** ▶▶▶
> 第一次世界大戦について，国ごとの状況の変化を通して多角的に考えさせるとともに，変化の視点からプラス・マイナスという価値判断を行うことで，見方・考え方を働かせる。

3 まとめ 国際協調と民族自決の影響について考える

個人の意見を発表させ，全体で交流する。特に位置づけの差が大きい国について，理由に着目させる。例えば，敗戦国のドイツをプラスに評価した生徒がいた場合は，第一次世界大戦後に民主主義が広がった点を肯定的に捉えているといえる。

ワークシートの解答例

❶ ①ドイツ
②日本，アメリカ，イギリス，ロシア
③インド，中国，朝鮮

❷ （例）右図

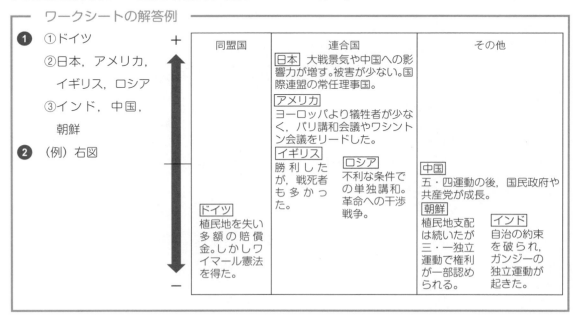

本時のワークシート

単元を貫く学習課題 第一次世界大戦の時期に大正デモクラシーが重なるのは偶然か

戦後の国際関係

今日の目標 ▶ 大戦後の世界における各国の状況を比べよう

❶ 第一次世界大戦に関わった主な国…語群の国を下の表に分類しよう。

語群 {日本　アメリカ　イギリス　インド　中国　朝鮮　ドイツ　ロシア}

①同盟国	②連合国	③その他

❷ 大戦後の状況について、大戦前と比べてプラスかマイナスか判断しよう。

同盟国	連合国	その他

（＋／－ の縦軸）

第7時 本時の目標 現在と比べながら大衆文化への関心を高めよう

1 導入 クイズで大正時代から続く製品があることに関心をもたせる

　セメダイン株式会社の接着剤の外側に紙を巻くなどして見えなくした上で，何の商品か当てさせる。換気をしながら匂いをかがせても良い。生徒から答えが出たら，大正時代から続く製品であることを伝える。

2 展開 大正生まれの商品が現在でもロングセラーとなる理由を考える

　「大正生まれのお菓子・飲み物・調味料をクイズで当てよう」と呼びかけて，座席の列対抗で商品当てクイズを行う（ワークシートの❶）。用意するのは森永ミルクチョコレートとミルクキャラメル，グリコ，カルピス，ブルドックソース，キューピーマヨネーズの6種類とする（7列なら三ツ矢サイダーも加える）。アイマスクで目隠しをして，何の商品か匂いや味を頼りに答えさせる。なお，食物アレルギーの有無は事前に確認する。商品の種類が分かれば1ポイント，商品名まで正確なら3ポイントなどとして，ゲーム形式で行うと生徒の意欲が高まる。

　つづけて「なぜ大正時代に今も続く商品がつくられたのか」と問う（ワークシートの❷）。生活様式が現代に近づいたことや，大量消費につながる文化の大衆化が進んだことに気付かせる。

> **見方・考え方を働かせるポイント ▶▶▶**
> 　大正時代における文化の大衆化という変化に関わる視点と，現在との共通性という諸事象の特色に関わる視点に着目させ，時代の特色を多角的・多角的に考察することで見方・考え方を働かせる。

3 まとめ メディアの発達を理解する

　「人々は商品をどのように知ったのか。情報を伝える方法に注目して考えよう」と問い，メディアの発達に気付かせる（ワークシートの❸）。また，補足として大正時代を代表する学問や文学について調べる（ワークシートの❹）。

ワークシートの解答例

❶ 略

❷ （例）現代と同じような西洋風の食生活が広まったから。商品を安定して作るだけの技術が高まったから。

❸ （例）新聞が普及し，ラジオ放送が始まることで，広告やCMを通して商品を知ることができるようになったから。

❹ ①西田幾多郎　②芥川龍之介　③小林多喜二

本時のワークシート

単元を貫く学習課題 第一次世界大戦の時期に大正デモクラシーが重なるのは偶然か

大正時代の文化

今日の目標 ▶ 現在と比べながら大衆文化への関心を高めよう

❶ 大正生まれのお菓子・飲み物・調味料をクイズで当てよう。

第1問		第2問	
第3問		第4問	
第5問		第6問	

❷ なぜ大正時代に今も続く商品がつくられたのか。

❸ 人々は商品をどのように知ったのか。情報を伝える方法に注目して考えよう。

❹ 大正時代の学問や文学を調べよう。

【学問】・（①　　　　　　　）…西洋と東洋の哲学の融合，『善の研究』
　　　　・柳田国男…民俗学の提唱者。

【文学】・志賀直哉などの白樺派…人道主義で理想を追究。
　　　　・（②　　　　　　　）…『羅生門』など。
　　　　・（③　　　　　　　）…『蟹工船』などプロレタリア文学。

近代の日本と世界

18 第二次世界大戦と人類への惨禍

▶単元構想

単元の目標
- 経済の混乱や社会問題，政治・外交の動き，アジア諸国との関係，戦時下の生活などを基に，軍部の台頭から戦争までの経過と，大戦が人類に及ぼした被害を理解する。
- 世界の動きと日本との関連や戦争に向かう時期の社会や生活の変化などに着目して，戦争の開始から終結までの推移について多面的・多角的に考察して表現する。
- 第一次世界大戦による世界や日本の変化について主体的に追究しようとするとともに，国際協調と国際平和の実現に努める精神を養う。

単元を貫く学習課題
戦争で失われたものは何か。得たものはあるのか

各時間の目標

1	世界恐慌による政治と社会の変化への関心を高めよう
2	国際社会での日本の立場の変化について理解しよう
3	軍国主義が高まった理由について考えよう
4	国民が戦争に協力する体制がどのようにできたのか説明しよう
5	第二次世界大戦直前の国際関係を理解しよう
6	日本が開戦した理由を分析しよう
7	戦時下における国民の生活について資料から読み取ろう
8	第二次世界大戦による被害と加害についてまとめよう
9	戦争で失われたものについて考えよう

評価規準

知識・技能	思考・判断・表現	主体的に学習に取り組む態度
ア 満州事変後の日本の立場の変化を理解している。 イ 第二次世界大戦前の国際関係を理解している。 ウ 資料から戦時下の国民生活の様子を読み取っている。	ア 軍部の独裁が成立した要因について考えている。 イ 戦時体制がつくられる過程について考えている。 ウ 日本が日米開戦をした理由を分析して考えている。	ア 世界恐慌の影響への関心を高めている。 イ 戦争の惨禍について主体的に考えている。 ウ 戦争の惨禍から国際協調と国際平和の実現に向けて関心を高めている。

▶単元の指導計画

時	ねらい	学習活動	○教師の指導　■評価

戦争で失われたものは何か。得たものはあるのか

時	ねらい	学習活動	○教師の指導　■評価
1	【世界恐慌】世界恐慌の影響への関心を高める。	世界恐慌による政治と社会の変化への関心を高めよう ・世界恐慌の影響と各国の対策を分類する。 ・日本が意図した対策について考える。 ・単元を貫く学習課題の予想を記入する。	○失業率や倒産数などの統計に着目させる。 ■態ア
2	【満州事変】日本の国際的な立場の変化を理解する。	国際社会での日本の立場の変化について理解しよう ・満州を占領した建前と本音を理解する。 ・国際社会で孤立する過程を調べる。	○新聞記事を活用する。 ■知ア
3	【日中戦争】軍部の独裁が起きる要因について考える。	軍国主義が高まった理由について考えよう ・軍国主義が高まる過程について考える。 ・日中戦争の長期化の理由を理解する。	○中国の変化に触れる。 ■思ア
4	【国民生活の統制】戦時体制の形成の過程について考える。	国民が戦争に協力する体制がどのようにできたのか説明しよう（→ p.112） ・写真資料を活用しながら、戦時体制の構築が進んだ過程について考える。	○Wチャートを用いる。 ■思イ
5	【第二次世界大戦】第二次世界大戦前の国際関係を理解する。	第二次世界大戦直前の国際関係を理解しよう ・第二次世界大戦の流れを年表にまとめる。 ・第二次世界大戦前の国際関係を図に表す。	○大西洋憲章を扱う。 ■知イ
6	【太平洋戦争】日本が日米開戦をした理由を分析する。	日本が開戦した理由を分析しよう（→ p.114） ・日本が開戦した理由を、経済、政治、欧米諸国、アジア諸国の視点から分析して図に表現する。	○フィッシュボーン図を用いて分析する。 ■思ウ
7	【戦時下の国民生活】現在の文化へのつながりを通して大正文化への関心を高める。	戦時下における国民の生活について資料から読み取ろう ・写真資料や実物から生活の様子を考える。 ・植民地や侵略された地域の経済への打撃について資料から内容を読み取る。	○軍票の実物を用意して読み取らせる。 ■知ウ
8	【第二次世界大戦の終結】戦争の惨禍について主体的に考える。	第二次世界大戦による被害と加害についてまとめよう ・枢軸国が降伏する流れについて年表にまとめる。 ・戦争による被害や犠牲者について調べる。	○沖縄戦や原子爆弾の被害を具体的に伝える。 ■態イ
9	【単元のまとめ】国際協調と国際平和の実現に向けて関心を高める。	戦争で失われたものについて考えよう ・「15年戦争」と呼ばれる時代の推移を振り返り、戦争の惨禍について考える。 ・単元を貫く学習課題への考えをまとめる。	○国際協調と国際平和の重要性に気付かせる。 ■態ウ

第4時

本時の目標
国民が戦争に協力する体制がどのようにできたのか説明しよう

1 導入 写真から戦時体制への関心を高める

　日中戦争の時期の様子であることを伝えた上で，軍需工場で働く中学生の写真を提示する。「写真を見て何か不思議なことがないか」と問い，なぜ子どもが工場で働いているのかということなどの疑問を出させる（ワークシートの❶）。

2 展開 Wチャートで戦時体制における生活の変化を分類する

　「戦争によって人々の生活はどのように変化したのか。様々な立場から考えよう」と発問し，政党，一般国民，労働組合，メディア，植民地の5つの立場に着目して，戦時体制での状況の変化について調べてWチャートに書き入れさせる（ワークシートの❷）。2つ以上の立場にまたがる語句は，重複して書いたり線を越えて書いたりするように伝える。記入したWチャートの内容を小グループや全体で交流し，より適切な区分になるようにする。また，全体の交流の際には，衣料切符の実物があれば提示して，生活統制の様子を具体的にイメージさせる。

> **見方・考え方を働かせるポイント ▶▶▶**
> 戦時体制における国民生活の統制という変化の視点に着目させ，時代の転換の様子を考察させる。Wチャートを用いることで，特に多面的・多角的な考え方を働かせる効果がある。

3 まとめ 最も重大な変化を判断して選択する

　「国民が戦争に協力する体制ができる中で，最も重大な変化は何か」と問い，Wチャートの中から1つ選び，理由を答えさせる（ワークシートの❸）。選んだものと理由について，全体で交流する。この活動によって，戦時体制における諸政策のねらいや関連性を深く理解できる。

ワークシートの解答例

❶ （例）何をつくっているのか。どの写真か。なぜ子どもが工場で機械を使っているのか。
❷ ①（例）多くの政党が解散して大政翼賛会になる。その下に様々な組織を組み込む。
　②（例）国家総動員法によって，工場などに動員される。配給制や切符制，価格の統制によって生活が制限される。軍国主義を支える教育を受ける。
　③（例）労働組合が解散し，大日本産業報国会が結成される。経営者と労働者の対立の否定。
　④（例）検閲で自由に報道できなくなる。政府の批判の取り締まり。戦意を高めるために利用。
　⑤（例）朝鮮・台湾で皇民化政策が強められる。創氏改名や日本語使用，神社への参拝の強制。
❸ （国家総動員法を選んだ例）議会の議決なしで，軍部が物に加えて人を強制的に動員できるから。
　（大政翼賛会を選んだ例）軍部の暴走を政治の力で止めることが完全にできなくなるから。

本時のワークシート

単元を貫く学習課題 ▶ 戦争で失われたものは何か。得たものはあるのか

国民生活の統制

今日の目標 ▶ 国民が戦争に協力する体制がどのようにできたのか説明しよう

❶ 写真を見て何か不思議なことがないか。

❷ 戦争によって人々の生活はどのように変化したのか。様々な立場から考えよう。

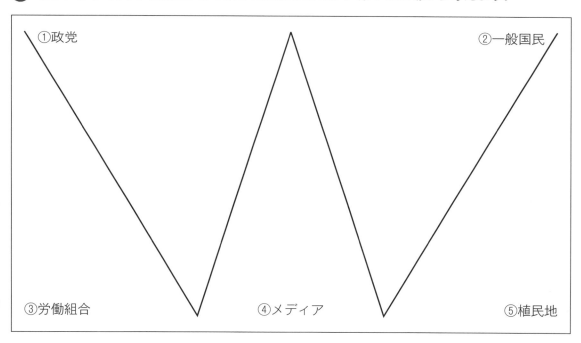

①政党　②一般国民　③労働組合　④メディア　⑤植民地

❸ 戦争に協力する体制ができた中で、あなたが最も重大だと考える変化は何か。上のWチャートから1つ選んで語句を○で囲み、下に理由を記入しよう。

第6時 本時の目標 日本が開戦した理由を分析しよう

1 導入　日本とアメリカの国力を比較する

「太平洋戦争が始まる前に日本とアメリカの国力にはどのくらい差があったのか」と問い，別途資料を提示して計算させる（ワークシートの❶）。国力の差があることを確認した上で，日本がアメリカの参戦を抑えるねらいで日独伊三国同盟を結成したことを伝える。しかし，実際には開戦に至ったことを確認して「なぜ日本は力の差があるアメリカに対して戦争を始めたのか」と問い，展開へ移る。

2 展開　フィッシュボーン図で太平洋戦争開戦の理由を分析する

「なぜ日本は開戦して太平洋戦争を始めたのか」と発問し，フィッシュボーン図を使って経済，政治，欧米諸国，アジア諸国の4つの視点から開戦の理由を分析させる。なお，フィッシュボーン図の使い方については，本書の江戸幕府の滅亡の授業実践例（本書93ページ）で取り上げた例は，一般的な形を私が改変したものである。本来の使い方は本時のように，魚の頭の部分に課題（この場合は「日本が開戦した理由は何か」）を書き，その課題を分析するために大きな視点を4つに分け，さらに魚の小骨の所に関連する具体的な内容を書くようにする。

> **見方・考え方を働かせるポイント ▶▶▶**
> 太平洋戦争の開戦という事象の原因に関わる視点に着目させ，開戦前の日本を取り巻く状況と軍部のねらいについて多面的・多角的に考えることで見方・考え方を働かせる。

3 まとめ　開戦後の戦況を理解する

「開戦後の状況を見ると，日本のねらいは達成されたといえるか」と問い，戦況について確認する（ワークシートの❸）。真珠湾攻撃を行い，マレー半島へ侵攻した直後には前線を広げるものの，アメリカとの国力の差や占領地での独立を目指す運動によって戦況が悪化し，日本のねらいは達成されなかったことを理解させる。

ワークシートの解答例

❶　5　【補足】1941年の航空機生産量は日本が約5000機，アメリカが約26000機。

❷　①（例）石油や鉄の禁輸に対抗。資源や食料を得る。植民地を増やす。不況を打破する。
　　②（例）アジアで勢力を広げたい。国内の不満をそらす。軍部独裁を続ける。
　　③（例）アメリカに優位に立つ。先手必勝。ドイツ・イタリアと連携する。ソ連を抑える。
　　④（例）中国への補給路を断つ。東南アジアの資源を手に入れる。欧米の植民地を奪う。

❸　（例）いえない。開戦から半年でアメリカの反撃が始まり，占領地の抵抗も強まったから。

本時のワークシート

単元を貫く学習課題　戦争で失われたものは何か。得たものはあるのか

太平洋戦争

今日の目標 ▶ 日本が開戦した理由を分析しよう

❶ 1941年時点でのアメリカの航空機生産量は，日本の何倍か。

　　　　　　　　　　約（　　　）倍

❷ なぜ日本は開戦して太平洋戦争を始めたのか。

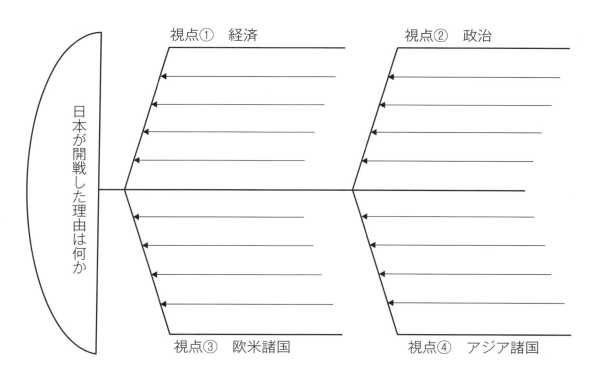

❸ 開戦後の状況を見ると，日本のねらいは達成されたといえるか。

> Column 6

「現代の日本と世界」における アクティブ・ラーニングのポイント

❶ 現代の歴史の可視化

　歴史的分野の最後の単元で，第二次世界大戦後から20世紀末までの時代を扱うのが「現代の日本と世界」です。他の時代との扱いの違いとしては「公民的分野の学習へ向けた課題意識をもつことができるようにすること」(『中学校学習指導要領（平成29年告示）解説　社会編』より引用）が挙げられます。世界の動きとの関連を踏まえ，日本の民主化と再建，冷戦の影響，高度経済成長やグローバル化などをキーワードとして，現在の日本につながる流れを理解することが重要です。歴史のまとめとしても，公民への橋渡しという意味でも重要な単元です。

　しかし，新しい時代の歴史だからこそ，歴史的な評価が十分に定まっていない上に，複雑な国際情勢や現代社会の課題が理解しづらく，生徒も教師もつまらないと感じてしまうおそれがある単元でもあります。そのような状況を打破するために，報道写真や映像を資料として活用することを勧めます。例えば，1969年のウッドストック・フェスティバルとベトナム戦争の関連や，1987年にデヴィット・ボウイが西ベルリンで行ったコンサートと冷戦の終結の関連について考えさせると，音楽が大衆に力を与え，世論を形成して政治を動かし，社会を変えるきっかけになったことを生徒は理解できます。歴史を変えるのは権力者だけではなく，市民によって歴史は変わると実感できます。

❷ 「普通の人々」の表現

　現代に限らず，歴史的分野ではどのような語句で人々を表現すれば良いか悩むことがあります。例えば，「農民」と「百姓」，「貴族」と「公家」などの使い分けです。「百姓」ならば江戸時代，「公家」ならば鎌倉時代以降に用いるのが一般的です。

　それでは，現代では「普通の人々」をどのように表現すれば良いでしょうか。候補としては「大衆」「市民」「国民」が考えられます。「大衆」は知識人などに対比される言葉です。現代の歴史よりは近代で使うことが多いかもしれません。「市民」には政治面での主体性が含まれます。現代の歴史では「一般市民」として使うこともあるでしょう。そして，国家との結び付きを強調したいときは「国民」が妥当な表現です。なお，「民衆」は前近代から使われる表現です。これらの使い分けは，時代の特色を捉えているかどうかの指標にもなります。

　どの時代の学習においても，言葉にこだわる感覚は大切です。特に，現代の歴史では知識として定着させるべき人物が多くありません。人物よりも歴史上の出来事を取り上げる場面が多いからこそ，いわゆる「普通の人々」をどのように表現すべきか，適切に判断しましょう。

第7章

「現代の日本と世界」の授業展開&ワークシート

日本の民主化と
冷戦下の国際社会　118

日本の経済の発展と
グローバル化する世界　122

現代の日本と世界

19 日本の民主化と冷戦下の国際社会

▶単元構想

単元の目標

○冷戦，日本の民主化と再建の過程，国際社会への復帰などを基に，第二次世界大戦後の諸改革の特色や世界の動きの中で新しい日本の建設が進められたことを理解する。

○諸改革の展開と国際社会の変化などに着目して，男女普通選挙の確立や日本国憲法などの事象を相互に関連付けるなどして，現代の社会の変化の様子を多面的・多角的に考察して表現する。

○現代の歴史の諸事象について，より良い社会の実現を視野に現代の日本と世界の歴史に見られる課題を主体的に追究しようとする態度を養うとともに，国家及び社会の発展に尽くした歴史上の人物などを尊重しようとする態度や，国際協調の精神を養う。

単元を貫く学習課題

なぜ日本は10年で独立して復興できたのか

各時間の目標

1	敗戦後の人々の願いについて関心を高めよう
2	日本国憲法の価値について考えよう
3	第二次世界大戦後の国際関係の変化について理解しよう
4	日本や東アジアへの冷戦の影響について資料から読み取ろう
5	国際社会に復帰した日本に残された課題について考えよう
6	現代の日本と世界がどのように変化したかまとめよう

評価規準

知識・技能	思考・判断・表現	主体的に学習に取り組む態度
ア 国際連合の発足の一方で冷戦の対立が生じた原因を理解している。 イ 冷戦による国際的な緊張の高まりが東アジアへ与えた影響を理解している。	ア 日本国憲法の歴史的な意義について多面的・多角的に考察している。 イ 冷戦と日本の国際社会の復帰を関連付けて考察しながら，復帰後の課題について判断している。	ア 国民の平和と民主主義への期待について主体的に追究し，現代の歴史への関心を高めている。 イ 現代の日本と世界が変化する過程や要因について主体的に追究している。

▶単元の指導計画

時	ねらい	学習活動	○教師の指導　■評価

なぜ日本は10年で独立して復興できたのか

時	ねらい	学習活動	○教師の指導　■評価
1	【戦後の民主化】 国民の平和と民主主義への期待について主体的に追究し，現代の歴史への関心を高める。	敗戦後の人々の願いについて関心を高めよう ・敗戦後の様子について写真を読み取る。 ・戦後の改革と歩みを年表で確認し，日本が敗戦から6年で独立し，9年後には「もはや戦後ではない」と判断した事実から単元を貫く学習課題への予想を立てる。	○可能であれば戦後の様子や願いについて聞き取った資料を用意する。 ■態ア
2	【日本国憲法の公布】 日本国憲法が制定された歴史的な意義について多面的・多角的に考察する。	日本国憲法の価値について考えよう（→ p.120） ・日本国憲法が成立する過程を調べる。 ・日本国憲法の歴史的な意義について同心円チャートを用いて考察する。国民の願いや政府，連合国のねらいが憲法にどのように反映されたかについて考察する。	○小学校の学習内容を踏まえて日本国憲法の基本原則を確認する。 ■思ア
3	【国際連合の設立と冷戦】 国際連合の発足の一方で冷戦の対立が生じた原因を理解する。	第二次世界大戦後の国際関係の変化について理解しよう ・国際連合の発足について調べる。 ・世界地図に冷戦の東西の陣営を色分けする。1つの国で二分される地域や色が塗られない場所について理由を調べる。	○大戦前から資本主義と社会主義の対立があったことに気付かせる。 ■知ア
4	【朝鮮戦争】 冷戦による国際的な緊張の高まりが東アジアへ与えた影響を理解する。	日本や東アジアへの冷戦の影響について資料から読み取ろう ・世界の冷戦の動きや朝鮮戦争に関する年表と，日本国内の占領政策の転換や特需景気に関する年表をそれぞれ作成する。2つの年表を比べて関連性を理解する。	○在日韓国・朝鮮人の人々の歴史を取り上げる。 ■知イ
5	【国際社会への復帰】 冷戦と日本の国際社会の復帰を関連付けて考察し，復帰後の課題について判断する。	国際社会に復帰した日本に残された課題について考えよう ・日本が国際社会に復帰した流れを確認し，背景について考える。 ・独立後に残された課題として，北方領土問題や沖縄の問題について考える。	○講和会議に反対や不参加の国の主張を基に，多角的に考えさせる。 ■思イ
6	【単元のまとめ】 現代の日本と世界が変化する過程や要因について主体的に追究する。	現代の日本と世界がどのように変化したかまとめよう ・2つの世界大戦の時代が終わり，現代はどのような時代に変化したと表現できるか考える。 ・単元を貫く学習課題への考えをまとめる。	○平和を維持する難しさや国際協調の重要性に着目させる。 ■態イ

第2時 日本国憲法の価値について考えよう

本時の目標

1 導入　日本国憲法の基本原則を確認する

　小学校の復習として「日本国憲法の三大原則とは何か」と問い，口頭で答えさせる。その上で「日本国憲法はどのような願いやねらいがあってつくられたのか」と発問し，展開へ移る。

2 展開　同心円チャートで日本国憲法が公布された意義について考える

　まず，日本国憲法が公布される過程について調べる（ワークシートの❶）。その上で「日本国憲法が公布されたことには，どのような価値があるか」と発問し，同心円チャートを使って歴史的な意義について考えさせる（ワークシートの❷）。一番外側には国民や政府，アメリカなどの立場を記入し，その内側に基本原則を記入させる。そして，中心に日本国憲法の価値を記入させ，相互のつながりを矢印でつなぐ。個人で記入した内容を基に小グループで話し合う。

　見方・考え方を働かせるポイント ▶▶▶
　日本国憲法の制定の背景という事象相互の視点に着目させ，日本の民主化という時代の転換の様子について，日本国憲法の原則や複数の立場に基づいて多面的・多角的に考察させる。

3 まとめ　平和や民主主義への願いの普遍性を理解する

　全体交流の後で「日本国憲法の価値は，日本でしか通用しない考えか」と問いかけ，考えを述べさせる。平和や民主主義への願いは時代や場所を超える価値をもつことに気付かせる。

ワークシートの解答例

❶　①GHQ
　　②公布
　　③施行

❷　（例）右図

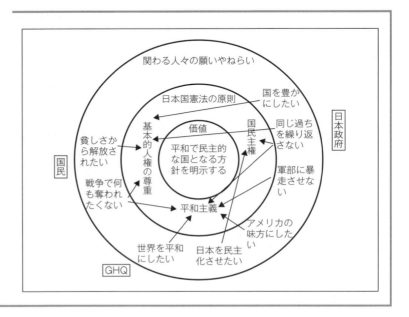

本時のワークシート

単元を貫く学習課題 なぜ日本は10年で独立して復興できたのか

日本国憲法の公布

今日の目標 ▶ 日本国憲法の価値について考えよう

❶ 日本国憲法が制定される過程について調べよう。
　（①　　　　　　　　　）が憲法改正を指示→政府案は一部修正にとどまる
　→（①）が民間の案を参考に草案を政府に提示
　　1946年11月3日　日本国憲法の（②　　　　　）
　　1947年5月3日　日本国憲法の（③　　　　　）

❷ 日本国憲法が公布されたことには、どのような価値があるか。

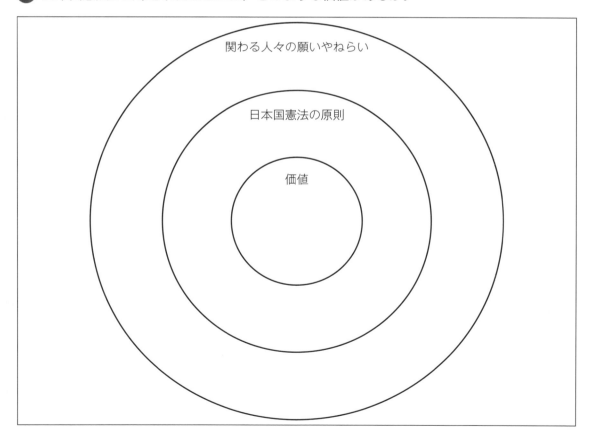

現代の日本と世界

20 日本の経済の発展とグローバル化する世界

▶単元構想

単元の目標

○高度経済成長，国際社会との関わり，冷戦の終結などを基に，日本の経済や科学技術の発展による国民生活の向上や，国際社会における日本の役割の増大を理解する。

○現代の日本と世界における政治の展開と国民生活の変化などに着目して，諸事象を相互に関連付けながら時代の特色を多面的・多角的に考察して表現するとともに，現在と未来の日本や世界の在り方について，課題意識をもって多面的，多角的に考察，構想して表現する。

○これまでの学習内容を踏まえ，歴史と現在のつながりや現在と未来のつながりについて関心を高め，今後の社会について課題を見出し，主体的に追究する態度を養う。

単元を貫く学習課題

未来の日本と世界はどうあるべきか考えて理想の未来年表をつくろう

各時間の目標

1 現在に至る日本と世界の主な出来事を調べよう
2 ベトナム戦争が世界に与えた影響を理解しよう
3 日本の国際関係の変化について関係図に表現しよう
4 高度経済成長による課題を解決する方法について考えよう
5 冷戦終結後の世界の変化を理解しよう
6 未来の日本と世界はどうあるべきか考えて表現しよう

評価規準

知識・技能	思考・判断・表現	主体的に学習に取り組む態度
ア　アジアやヨーロッパの出来事から，冷戦の変化の様子を理解している。 イ　冷戦終結後の世界の変化の様子と新たな課題を理解している。	ア　安保改定や国交正常化による国際関係の変化の様子を図に表現している。 イ　高度経済成長の課題を解決する方法について考察している。	ア　節目となる歴史的事象を通して，経済発展やグローバル化への関心を高めている。 イ　今後の日本や世界の課題について考察し，解決への道のりを構想している。

▶単元の指導計画

時	ねらい	学習活動	○教師の指導　■評価

未来の日本と世界はどうあるべきか考えて理想の未来年表をつくろう

時	ねらい	学習活動	○教師の指導　■評価
1	【戦後の民主化】 節目となる歴史的事象を通して，経済発展やグローバル化への関心を高める。	現在に至る日本と世界の主な出来事を調べよう ・報道写真や映像を参考にして，ベトナム戦争から東日本大震災までの日本と世界の主な出来事を調べて年表を完成させる。 ・世界が多極化する様子に関心を高める。	○単元を貫く学習課題への予想は立てさせずに，第6時に未来年表を作ると予告する。 ■態ア
2	【ベトナム戦争と世界の多極化】 アジアやヨーロッパの出来事から，冷戦の変化の様子を理解する。	ベトナム戦争が世界に与えた影響を理解しよう ・ベトナム戦争の背景と世界的な反戦の動きについて，写真資料を参考に考える。 ・EUの発足，東ヨーロッパの民主化などの動きと冷戦との関連性について考える。	○報道の重要性や世論の高まりが政治を動かすことに着目させる。 ■知ア
3	【安保改定と国交正常化】 安保改定や国交正常化による国際関係の変化の様子を図に表現する。	日本の国際関係の変化について関係図に表現しよう ・沖縄の返還と日中国交正常化が実現した理由について考える。 ・1970年代における日本と韓国，中国，アメリカのそれぞれの国との関係について図にまとめる。	○冷戦構造の変化が国際関係に影響を与える点に着目させる。 ■思ア
4	【高度経済成長】 高度経済成長の課題を解決する方法について考察する。	高度経済成長による課題を解決する方法について考えよう（→p.124） ・高度経済成長の成果に加えて課題を見出す。石油危機の影響を理解する。 ・課題としての公害の解決方法について考えて構想する。	○近代の学習で足尾鉱毒事件の対応について考えた経験を活用する。 ■思イ
5	【冷戦終結後の世界】 冷戦終結後の世界の変化の様子と新たな課題を理解する。	冷戦終結後の世界の変化を理解しよう ・米ソ両陣営の対立が終わる流れを調べる。 ・民族・宗教対立や領土問題などの新たな課題を見出し，KJ法で分類する。	○課題の解決に向けた努力に気付かせる。 ■知イ
6	【歴史のまとめ】 今後の日本や世界の課題について考察し，解決への道のりを構想する。	未来の日本と世界はどうあるべきか考えて表現しよう ・二つの世界大戦の時代が終わって現代はどのような時代に変化したかについて考え，一言で表現する。 ・単元を貫く学習課題への考えをまとめる。	○平和を維持する難しさや国際協調の重要性に着目させる。 ■態イ

第4時 高度経済成長による課題を解決する方法について考えよう

本時の目標

1 導入　高度経済成長の様子を記録映像から理解する

　東海道新幹線の開通式や東京オリンピックの開会式の映像を見せる。つぎに，排煙が立ち込める四日市市や水俣病患者の映像を見せる。いずれの映像も1960年代のものであることと，この時期は高度経済成長という時期だったことを確認する。これらの映像の関連性について予想させ，口頭で答えさせる。工業化で発展したが公害が起きているなどの意見が予想される。

2 展開　公害の対策について多面的・多角的に考える

　まず「高度経済成長の成果と課題は何か」と問い，教科書などを用いて成果と課題を表に記入する（ワークシートの❶）。石油危機については，狂乱物価などの社会現象が起き，高度経済成長が終わる一因となったことを理解させる。

　つづけて「高度経済成長期に社会問題化した公害の対策として，すべきだったことは何か」と問い，政府・企業・住民・マスメディアのそれぞれの立場から行うべきだった対策を考えさせる（ワークシートの❷①～④）。その際，近代の足尾鉱毒事件の対応について考えた内容（本書の102ページ）を思い出せると，これまでの学習との関わりができて思考しやすくなる。

　見方・考え方を働かせるポイント ▶▶▶
　高度経済成長期の公害という歴史に見られる課題について，複数の立場や異なる面からの対策を考えつつ，共通点にも着目して解決策を構想することで見方・考え方を働かせる。

3 まとめ　共通点を考えることで持続可能性の視点に気付く

　「それぞれの立場からの公害対策に共通することは何か」と問う（ワークシートの❷⑤）。持続可能性の考え方が過去の公害に加え，現在の地球環境問題の解決に重要だと気付かせる。

ワークシートの解答例

❶　①（例）国民総生産が世界2位（1968年）となる。家電製品が普及する。東京オリンピック（1964年），大阪万博（1970年）など世界的なイベントが成功する。
　　②（例）都市の過密化と農村の過疎化。公害の発生。石油危機。貿易摩擦。

❷　①（例）公害対策の法律を整備し，環境庁を活用し，企業への指導や国民への啓発を進める。
　　②（例）公害防止の技術や廃棄物を抑える技術，省エネルギーの技術などを開発する。
　　③（例）他の公害に悩む地域と連携したり，裁判を起こしたりしながら，被害の防止を訴える。
　　④（例）普及したテレビを活用しながら，経済発展によって生じた問題について報道する。
　　⑤（例）利益や全体の便利さだけを追求せずに，経済成長と環境保護を両立させる。

本時のワークシート

単元を貫く学習課題 ▶ 未来の日本と世界はどうあるべきか考えて理想の未来年表をつくろう

高度経済成長

今日の目標 ▶ 高度経済成長による課題を解決する方法について考えよう

❶ 高度経済成長の成果と課題は何か。

成果	課題
①	②

❷ 高度経済成長期に社会問題化した公害の対策として、すべきだったことは何か。明治時代の足尾鉱毒事件の対応の問題点を参考にして考えよう。

立場	公害対策としてすべきこと	共通点
政府	①	⑤
企業	②	
住民	③	
メディア	④	

第7章 「現代の日本と世界」の授業展開&ワークシート 125

「単元を貫く学習課題」に対するまとめの例

付録の使い方

　本書で紹介した単元を貫く学習課題のまとめの例を紹介します。実際の生徒のまとめを生かした文章を掲載しました。歴史的な「見方・考え方」を働かせながら考察した内容となるように、また、各単元の内容の中心となる概念や語句を含んだ表現になるようにしています。私の場合は、単元を貫く学習課題のまとめについては、基本的には以下のように文章記述で表現する形を用いています。そして、単元の最初と最後の生徒の考えの変容に注目し、単元の関心・意欲・態度を評価する重要な資料として活用しています。

　ただし、生徒の実態や発達段階によっては、文章でまとめるのが大変な場合もあります。その場合は、重要な語句や概念的な知識として重要な部分を空欄にして補充させるなど、修正することで活用できます。また、文章ではなく、ポスターやプレゼンテーションソフトを活用して、いわゆるパフォーマンス課題の形で単元のまとめを行う場合もあるでしょう。そのように文章以外のまとめを行う際にも、下の解答例の内容が含まれた形になると、単元の目標に到達していると判断できます。本書でも、歴史的分野の最後の単元である「20　日本の経済の発展とグローバル化する世界」については、未来年表という形でパフォーマンス課題を作成する方法を採用しています。

1　私たちと歴史

単元を貫く学習課題　小学校の学習は中学校の歴史とどのようにつながっているか

> 　ザビエルや織田信長などの小学校で勉強した歴史上の人物が中学校でも出てくることや、東大寺の大仏や金閣など小学校で勉強したものをもう一度勉強することがわかった。小学校では歴史上の人物を昔から今の順番で勉強したが、中学校でも同じように勉強することもわかった。ただし、中学校では時代の分け方や違いが大事で、大きく分けると原始、古代、中世、近世、近代、現代の順番で歴史が移り変わることがわかった。そして、小学校で勉強した人物や文化が、いつの時代に関する内容か確認できた。このように、小学校の歴史の勉強は中学校とつながっている。

2　身近な地域の歴史

単元を貫く学習課題　函館の歴史は今の暮らしとどのようにつながっているのだろうか

　函館の歴史をまとめると，縄文時代から人々が暮らしていたことが，現在も残る遺跡からわかる。遺跡からは，北海道で唯一の国宝の中空土偶や，世界でも最も古い時期の漆を使った土器や糸が見つかっている。これらの縄文遺跡は貴重であり，東北地方と合わせて世界遺産の指定を目指している。また，室町時代から港がつくられ，江戸時代には函館山や港の周辺に人々が増え，開港後は日本の中でも早くに西洋の文化が入ってきた。日本最古のコンクリート電柱が今でも残り，西洋風の建物は観光客に人気である。そして，昭和の時代に五稜郭の北の方まで住宅地が広がっていった。学校の周りは畑で，学校は太平洋戦争中に飛行機の滑走路になる予定だった土地につくられ，住民が増えた。このように函館の歴史は今の函館の暮らしや観光とつながっている。

3　世界の古代文明や宗教のおこり

単元を貫く学習課題　なぜ同じ時期に世界の離れた地域で文明や国が生まれたのか

　人類が誕生し，農耕や牧畜の技術が発達すると，王や皇帝などの支配者が現れて国がつくられ，文明が栄えた。王によって，ピラミッドなどの大きな建造物がつくられた。また，文字が生まれ，学問が始まり，キリスト教や仏教，儒教も生まれた。
　文明が発生した条件を考えると，農耕や牧畜がさかんになりやすい地域という点が共通している。豊かな土地や大きな川の近くの地域で，同じ時期に文明や国が生まれた。また，シルクロードを通してローマ帝国と漢が交流したことで，文化が発展した。

4　日本列島における国家形成

単元を貫く学習課題　日本列島に，どのように国がつくられていったのか

　日本列島に暮らす人々は，打製石器を使ってナウマンゾウなどの狩りや植物の採集をして生活していた。氷河期が終わると磨製石器や縄文土器を使って協力して生活し，縄文時代に変わっていった。土偶などを使ってまじないもしていた。大陸から稲作の技術が伝わって広まると，弥生時代に変化していき，新しい技術が増え，貧富の差や争いが起きた。村をまとめる国がつくられ，中国に使いを送りながら，卑弥呼の邪馬台国など，大きな

国ができた。3世紀の後半には古墳がさかんにつくられるようになり、大和政権が豪族たちをまとめ、九州から関東を統一して大きな国となり、政治を行った。また、大和政権の大王は中国の皇帝の影響を利用して朝鮮半島の国との関係を有利にしようとした。

5　律令国家の形成と古代の文化

単元を貫く学習課題　古代の東アジアで、日本は生き残るためにどのような工夫をしたのか

　古代の日本は、隋や唐のような国を目指しつつ、独自の政治を行った。飛鳥時代には、日本の地位向上を目指して遣隋使や遣唐使を送ったり、仏教を広めたり、公地公民を進めたりして政治が変わり始めた。奈良時代には、律令を定めて朝廷が全国を支配する中央集権の律令国家となった。また、仏教の力で国を守るために、東大寺に大仏を造り、全国に国分寺を置くなどした。地方では国司が支配をし、九州には大宰府をつくり、外国との交流も進めていった。そして、平城京から平安京に都を移すことによって平安時代が始まり、遣唐使が廃止され、藤原氏の摂関政治など貴族による日本独自の政治を進め、国風文化が生まれた。仏教では、密教や浄土の教えなどが広まっていった。

6　武家政治の成立とユーラシアの交流

単元を貫く学習課題　なぜ朝廷や貴族から武士へ支配者が代わったのだろうか

　武士は、朝廷や地方の政治が乱れる中、自らの土地を守るために生まれた。武士たちは、院政を行う上皇の警備や、貴族同士の争いの手助けを通して成長した。武士同士の争いに勝利した平清盛は、貴族風の政治をし、その後、源頼朝は土地を通した御恩と奉公の関係により、武士の支持を得て、鎌倉幕府をひらいた。源頼朝の死後は北条氏が執権政治を行い、承久の乱にも多くの武士を味方につけて朝廷に勝ち、西国へ支配を広げ、全国を幕府が支配した。御成敗式目など武士のための法律を定めて、武士による支配を決定づけた。

7　武家政治の展開と東アジアの動き

単元を貫く学習課題　室町時代は鎌倉時代からどのように発展した時代だと言えるか

　室町時代には、武士による政治が発展し、民衆も成長し、東アジアの国や人々とのつながりが強くなった。政治は、室町幕府が南北朝の争いに勝ち、守護が税を集める権限を得

て守護大名となり，国司や朝廷などの公家の政治的な力はなくなった。足利義満の頃には倭寇の対策として勘合貿易を行い，明の皇帝とつながりを強くした。朝鮮や琉球王国との貿易や，アイヌ民族との交易がさかんに行われ，明の銅銭が日本でも使われるなど，経済の面で成長した。文化でも武家と公家の文化を融合させ，書院造など現代につながる文化が見られた。

8　民衆の成長と新たな文化の形成

単元を貫く学習課題　産業の発展は戦国時代になったこととどのような関係があるのか

農業や商業の発展によって民衆が成長し，村では惣による自治が行われ，京都や堺の町では有力な商人が自治をするようになった。民衆の成長によって，領主や幕府に実力で抵抗し，一揆が起きるようになった。応仁の乱で室町幕府の力が弱まってからは，全国で下の者が実力によって上の者をたおす下剋上が起き，戦国大名が現れて，領国を広げ，分国法を定めるなど戦国時代が始まった。文化では，武士や民衆の成長や禅宗の影響で，能や狂言，書院造や水墨画などの文化も生まれた。

9　世界の動きと統一事業

単元を貫く学習課題　同じく武士が政治をする世の中でも，中世と近世は何がちがうのか

中世と近世のちがいは，まずヨーロッパの国と関わりができたことである。ヨーロッパの宗教改革や大航海時代によって，東アジアとヨーロッパの貿易がさかんになり，キリスト教の宣教師がアジアへ来る中で，日本はヨーロッパと関わるようになり，鉄砲などの技術や西洋の文化，キリスト教が伝わった。また東南アジアとの積極的な貿易が行われ，豊臣秀吉は朝鮮へ出兵し，アジアとの関係は変化した。もう1つのちがいとして，鎌倉幕府や室町幕府よりも，織田信長と豊臣秀吉は強い権力をもって政治を行った。そして，中世に力をもっていた仏教勢力は力を失い，公家の荘園はなくなった。

10　江戸幕府の成立と対外関係

単元を貫く学習課題　江戸幕府が安定して長く続いたのは偶然なのか

江戸幕府が安定して長く続いたのは偶然ではなく，強い権力を生かして幕府を安定させ

る工夫をしたからである。大名は，親藩，譜代大名，外様大名に分けて配置を工夫し，武家諸法度で取り締まり，参勤交代でお金を使わせ，藩から離れる期間をつくって，反乱を起こしづらくした。また，キリスト教の拡大を防ぐためと，貿易の利益や外国の情報を独占するため，鎖国を行った。身分制度では，武士には特権を与え，百姓に対しては厳しいきまりをつくり，五人組で連帯責任を負わせるなどして，年貢を確実に手に入れる工夫をした。以上のような工夫によって，幕府に権力が集中し，政権が安定するようにした。

11　産業の発達と町人文化

単元を貫く学習課題　江戸時代中期の暮らしは以前と比べて良くなったのか

【良くなったと判断した生徒】
　百姓や町人の暮らしが良くなった。貨幣経済が広まり，豊かな百姓は地主になり，幕府や藩へ年貢を納めても十分に生活できるようになった。貧しい百姓の中には田畑を手放す者もいたが，農具の改良があり，新田開発もあって，米の収穫が増えたのは良かった。町人にとっては大阪が天下の台所と呼ばれるほど経済が発展し，武士ではなく上方の町人中心の文化が生まれて歌舞伎や浮世絵が見られるようになったので，暮らしに楽しみができて良かった。

【良くなっていないと判断した生徒】
　暮らしが良くなったのは一部の町人や百姓だけで，全体として暮らしは良くなっていない。貧しい百姓は年貢の軽減を求めて百姓一揆をおこし，町人は打ちこわしをして裕福な商人の家などをおそった。その原因は，商品作物などのお金になる農作物は肥料を買えるなど余裕のある百姓が作り，新田開発も大きな土地をもつ百姓や町人が中心だったからである。生活の差が広がったので，全体としては暮らしが良くなったとは言えない。

12　幕府の政治の展開

単元を貫く学習課題　なぜ江戸時代の後半に社会や政治が不安定な状態になったのか

　江戸時代の中期から貨幣経済が広まる中で，18世紀には経済格差が広がって年貢が不足して，幕府は財政難になった。享保の改革や田沼の政治，寛政の改革などの政治改革を行うが，十分な成果が上がらずに格差が広がり，ききんなども起き，民衆の不満が高まった。19世紀に入ると外国船の接近という新しい課題が生まれ，対応に追われた。生活に困る農民や町人，下級武士などがさらに増え，幕府への不満が高まり，大塩平八郎の乱で幕府の

権威が低下し、藩でも岡山の渋染一揆など混乱が起きた。天保の改革は大名や町人など様々な立場の人々に不満をもたれ、幕府の政治は行き詰まった。

13 欧米における近代社会の成立とアジア諸国の動き

単元を貫く学習課題 なぜ近代化したヨーロッパの国々が日本へやってきたのか

イギリスやアメリカ、フランスは市民革命を行い、市民は自由で平等な権利を認められた。また、イギリスは18世紀の後半から蒸気機関を動力として利用し、工業の生産力が大きく向上し、社会が変革する産業革命を行った。他のヨーロッパの国々も経済力や軍事力を伸ばし、列強と呼ばれた。列強は、さらに勢力を広げる目的や、工場でつくった製品を売る場所や製品の原料を求める目的で、アジアに進出した。イギリスは、清にアヘン戦争をしかけ、インドなどアジアの植民地化を進めた。イギリス以外の列強もアジアへやってくる中で、日本にも欧米の国がやってくるようになった。

14 明治維新と近代国家の形成

単元を貫く学習課題 日本はいつの時点で近代国家になったといえるか

【明治政府の法令が出された段階で近代国家になったと判断した生徒】
新政府が戊辰戦争で旧幕府軍に勝利してから、江戸時代とは異なる法律を出し、新しい国づくりを進めた時点で近代国家になった。まず、版籍奉還の後に廃藩置県を行い、政府が全国を直接支配するようになり、中央集権が進められた。四民平等を合言葉にして解放令などで身分制度が廃止され、富国強兵をスローガンに学制、徴兵令、地租改正が行われた。これらの法律が出されたことで、日本は江戸時代とは違う近代国家に変化した。また、外国との関わりでは領土が定まったことも、近代国家になるために重要だった。文化の面では欧米の影響で文明開化が進んだ。

【まだ近代国家にはなっていないと判断した生徒】
明治維新で様々な改革を行った時点では、まだ近代国家になったとは言えない。法律ができたらすぐに変化するわけではないし、憲法もできていないので、近代国家になろうと準備をしていた頃だと言える。具体的には、廃藩置県で政府から県令が送られ、四民平等で武士の特権がなくなり、学制で全国共通の教育を行い、徴兵令によって国民全員で国を守る方針が決まった。また、地租改正で政府の財政が安定化し、殖産興業でお雇い外国人の力を借りて工業化を進めた。北海道の開拓も始まった。様々な改革によって、近代国家

になるための準備を整えていった。

15 議会政治の始まりと国際社会との関わり

単元を貫く学習課題 ▶ 日本は欧米やアジア諸国とどのように関係を変化させていったか

　日本は日清戦争と日露戦争に勝利して，列強の仲間入りをして国際的な地位を高め，アジアでの勢力を拡大した。そして，不平等条約の改正に成功した。政治では，自由民権運動によって国会開設を求める動きが起き，政党が生まれ，内閣制度が始まり，大日本帝国憲法によってアジアで初めての立憲制の国家になった。明治維新の頃から続けてきた近代化の成果によって，日清戦争と日露戦争に勝ち，イギリスと日英同盟を結び，台湾や韓国を植民地にして，中国での勢力を広げた。

16 近代産業の発展と近代文化の形成

単元を貫く学習課題 ▶ なぜ日清・日露戦争の時期と産業や文化の近代化が重なるのか

　日清・日露戦争の時期に産業の近代化が起きた理由は，戦争のために鉄鋼業がさかんになったからと，中国や韓国への輸出が増えたからである。また，輸送のために鉄道が整備されて，船での海運もさかんになり，造船も行われるようになった。殖産興業で工場だけではなく銀行が増え，官営工場が民間の会社に払い下げられたことも理由である。ただし，産業の発展によって労働問題や公害が起きるなど，国民への悪い影響もあった。文化については，産業の発展で科学が発展し，世界で注目される研究も行われた。また，学校は日露戦争後に義務教育が整い，近代的な小説や俳句などの文化も生まれた。

17 第一次世界大戦前後の国際情勢と大衆の出現

単元を貫く学習課題 ▶ 第一次世界大戦の時期に大正デモクラシーが重なるのは偶然か

　偶然ではなく，世界の影響を受けながら日本で民主主義的な考えが広まって大正デモクラシーの風潮が生まれた。第一次世界大戦はヨーロッパ諸国の対立や民族の問題がきっかけとなり，大きな被害を出した。日本は大戦景気で経済を発展させ，中国へさらに進出した。戦後は国際協調によって国際連盟がつくられた。また，民族自決の考えが広まり，インドと中国や植民地だった韓国でも運動が起きた。このような世界の影響を受けながら，

日本では民本主義などの思想が広がって護憲運動が起き，政党内閣が成立し，普通選挙法がつくられた。また，米騒動や小作争議，労働争議，女性や部落差別，アイヌ民族の差別を解消する運動が起き，文化の大衆化も広がった。

18　第二次世界大戦と人類への惨禍

単元を貫く学習課題　戦争で失われたものは何か。得たものはあるのか

【失われたものに注目したまとめの例】
　世界恐慌をきっかけに経済が混乱し，各国が対立した。日本では政党政治が終わって軍国主義が広まり，満州事変を起こし，日中戦争を起こし，さらにアメリカやイギリスと開戦して太平洋戦争に突入した。日本はアジア各地を侵略して大きな被害を与え，戦争のために日本国民にも厳しい生活を強制し，多くの戦死者を出した。また，沖縄戦や原子爆弾では多くの人の命が失われた。戦争の道を進んだことで，大きな被害が生まれ，たくさんの人の命や財産，幸せな生活が失われた。

【得たものにも言及したまとめの例】
　満州事変から太平洋戦争が終わるまでの15年間で，日本でも世界でもたくさんの命が失われた。また，日本では民主主義的な考えが否定され，自由な生活も失われた。しかし，たくさんの被害の中で戦争のおそろしさがわかり，二度と戦争を起こしたくないという考えを得たと言える。また，民主主義を守るために大西洋憲章がつくられたことは，今の世界の民主主義の広がりにつながった。

19　日本の民主化と冷戦下の国際社会

単元を貫く学習課題　なぜ日本は10年で独立して復興できたのか

　日本が独立して復興した理由は，日本国憲法を制定し，軍国主義から民主主義へ短期間で大きく変化したためである。国民主権，基本的人権の尊重，平和主義という原則によって，戦前の政治や社会，経済，教育の仕組みは大きく変わった。それは現在の日本につながっている。また，冷戦の対立の中で朝鮮戦争が始まり，特需景気によって経済の復興が早まり，アメリカの意向も影響して1951年に日本は独立を果たし，国際社会に復帰した。しかし，中国や韓国との平和条約は結ばれず，ソ連との北方領土問題が残った。

20　日本の経済の発展とグローバル化する世界

単元を貫く学習課題　未来の日本はどうあるべきか考えて理想の未来年表をつくろう

[補足]

　現代の日本や世界の歴史を振り返り，特定の課題を1つ選び，理想的な未来の年表を作成する。資料として，未来に関する予測をまとめた研究機関のウェブサイトなどを参考にする。また，課題の解決を決める際には，ある出来事から「～年が経過したのを期に状況が変化した」などと歴史的な事象の時期に着目して考えさせる。

　なお，公民的分野を学習する前の活動なので，課題の捉え方が不十分な場合や，解決の内容が荒唐無稽な場合もある。また，解決する出来事の根拠が不明確な場合もある。それらの点の修正を図らせるよりも，生徒の発想の豊かさを評価しながら，歴史的分野と公民的分野の学習がつながることを生徒が実感できるようにする。活動後には「みんなが考えた地球規模の課題は，実際にはどのような原因や影響があって，解決にどのような工夫がされているか，公民で学習しよう」と呼びかけ，公民的分野への意欲を高めさせる。

【世界の紛争を課題として選んだ生徒が考えた，理想の未来年表の例】

2023年　朝鮮戦争の停戦から70年が経ったのをきっかけに，韓国と北朝鮮が平和条約を結ぶ。東アジアの国々が協力し合い，EUのような組織ができる。

2028年　シェールガスを採る技術が開発される。それによって原油を求めて起きる対立が解消され，資源をめぐる紛争が減る。

2035年　自動車，船，飛行機で化石燃料を使わなくなり，資源をめぐる紛争が減る。
　　　　中国が世界1位の経済大国となる。アメリカと中国が対立から協力して世界の課題に取り組むように変化し，世界の地域紛争の解決に経済的な援助を始める。

2045年　原子爆弾投下から100年が経ったのをきっかけにして，日本が中心となって国際連合のすべての加盟国が核兵器をすべて廃棄する条約を結ぶ。

2048年　イスラエルの建国宣言から100年を節目に，イスラエルだけではなくパレスチナの独立が認められ，パレスチナ紛争が解決する。

2050年　人工食物が開発され，実用化される。世界の食糧問題が解決し，貧困をきっかけとした対立や地域紛争が減る。

2070年　世界人口がピークの90億人となる。地球温暖化が深刻になり，宇宙開発が当たり前になる中で，国同士の対立より協力が重要となり，国際連合を中心とした世界政府ができ，国同士の戦争はなくなる。科学技術を生かして資源や食料を平等に分けるようになり，世界から紛争がなくなる。

あとがき

　歴史的分野の学習では，いまだに「歴史は語句を暗記すれば大丈夫」という言葉が生徒や保護者，場合によっては先生方からも聞かれます。しかし，生きて働く知識や技能は，暗記では習得できません。時代の特色の理解につながるような「問い」を立て，答えを考える中で知識を活用していくことで，知識は定着します。その意味で，「問い」は授業の核になります。

　歴史的な「見方・考え方」を働かせて「主体的・対話的で深い学び」を実現するためには，課題の追究に対する生徒の意欲を喚起するような「問い」や，仲間と議論する必要性を感じるような「問い」，時代の本質に迫るような「問い」が必要です。本書で示した単元を貫く学習課題や，授業実践例の中で取り上げた発問は，そのような条件を満たす「問い」になるように構想しました。不十分な点は数多くありますが，本書の内容が「歴史は暗記」という意識を払拭する1つのきっかけとなることを願っています。

　さて，単元を貫く学習課題については，一部の単元で導入する実践はよく見られます。しかし，すべての単元での導入は，時間の制約や準備の大変さなどから敬遠されてきました。本書をご活用いただければ，その負担を軽減し，一貫した学習指導を継続できるようになります。

　授業の改善を図ると，生徒の力は着実に伸びていきます。実際に，単元を貫く学習課題の取組を続けると，社会科が苦手な生徒でも10分ほどで200字を超える文章で表現し，時代の特色を捉えることができるようになりました。

　なお，本書で紹介した実践は，函館市立亀田中学校の生徒たちと共に学ぶ中で作り上げたものを基本としています。本書を刊行することができたのも，私の授業を受けてくれた，延べ800名を超える生徒たちのおかげです。また，函館市中学校社会科教育研究会の一員として学んできたことが，私の授業の基礎になっています。同研究会の会員の先生方やOB・OGの先生方に，改めてお礼申し上げます。

　そして，何より明治図書出版の大江文武さんには，本書の出版の機会を与えていただいた上，様々な編集の労をとっていただきました。企画の段階から本書の構成に至るまで，実際の社会科の授業に活用しやすい工夫や，授業改善に役立つ内容になるように，様々なアイディアをご提案していただきました。地理編と並行しながらの編集作業だった上，私の原稿に修正点が多く，ご迷惑をおかけしました。大江さんに，心よりお礼と感謝を申し上げます。

　多くの先生方は，日々の業務に追われ，授業を改善する時間的・心理的な余裕がないかもしれません。しかし，社会で生きる力を生徒に養うのは，社会科の使命です。生徒の可能性を引き出して学力を保障するには，授業改善が不可欠です。生徒が教室で「やった！　次は社会だ」と楽しみにしてくれるような授業づくりのために，本書がお役に立てば幸いです。

2019年1月

川端　裕介

【著者紹介】

川端　裕介（かわばた　ゆうすけ）
現在，北海道函館市立亀田中学校に勤務。
1981年札幌市生まれ。北海道教育大学札幌校大学院教育学研究科修了（教育学修士）。函館市中学校社会科教育研究会研究部長。ＮＩＥアドバイザー。函館市南北海道教育センター研究員。社会科教育では，平成24年度法教育懸賞論文にて公益社団法人商事法務研究会賞，第64回読売教育賞にて社会科教育部門最優秀賞，第29回東書教育賞にて奨励賞などの受賞歴がある。また，学級通信を学級経営に活用し，第13回「プリントコミュニケーションひろば」にて最優秀賞・理想教育財団賞，第49回「わたしの教育記録」にて入選などを受賞。著書に『豊富な実例ですべてがわかる！中学校クラスが輝く365日の学級通信』（明治図書出版）がある。

中学校社会サポートBOOKS
単元を貫く学習課題でつくる！
中学校歴史の授業展開＆ワークシート

2019年3月初版第1刷刊	©著　者　川　端　裕　介
2022年1月初版第7刷刊	発行者　藤　原　光　政
	発行所　明治図書出版株式会社
	http://www.meijitosho.co.jp
	（企画・校正）大江文武
	〒114-0023　東京都北区滝野川7-46-1
	振替00160-5-151318　電話03(5907)6702
	ご注文窓口　電話03(5907)6668
＊検印省略	組版所　広研印刷株式会社

本書の無断コピーは，著作権・出版権にふれます。ご注意ください。
教材部分は，学校の授業過程での使用に限り，複製することができます。

Printed in Japan　　　　　　　　　ISBN978-4-18-274919-3
もれなくクーポンがもらえる！読者アンケートはこちらから
→